NHK BOOKS
1267

グローバル・ヒストリーとしての独仏戦争
——ビスマルク外交を海から捉えなおす

iida yosuke
飯田洋介

NHK出版

はじめに

一八七三年三月十五日、欧米各国を歴訪していた岩倉具視《ともみ》を特命全権大使とする使節団の一行はその数日前からドイツの首都ベルリンに入り、この日の夜に帝国宰相ビスマルクの宴席に招かれていた。その席でビスマルクが自らの体験を交えながら、日本からやってきた使節団に対して、国際法に纏《まつ》わる助言をしたことはよく知られているところである。その内容はドイツでも、当時そこに列席していた伊藤博文のドイツ再訪（一九〇一年十二月）にあわせて新聞上で次のように紹介されている。

国際法は、個々の国家間の法的秩序の維持を目的としています。しかしながら、ある大国が他国と衝突すれば、もし自国に有利であるという前提があれば国際法に従って対処するものの、そうでない場合は国際法を無視して〔軍事〕力に任せて自国の要求を主張するでしょう。だが、小国は力に任せて対処することができず、常に国際法の規定に基づいて行動しなければなりません。小国はそれ故に常に不利で惨めな状況にあり、自国を自力で守ることができないのです。わがプロイセンは弱小国として長い間そのような嘆かわしい状態にありましたが、それ故にこそわが国は他国と同等の地位にたどり着くために、あらゆる努力を払ってきたのです。そしてわが国はそのためにありとあらゆる方法で愛国心を喚起し、その結果わが国は今日の状態に至るまで目標を達成し、今なお努めているのです。[*1]

ビスマルクといえば、プロイセンの首相としていわゆるドイツ統一戦争（デンマーク戦争、普墺戦争、独仏戦争）を主導して自国を勝利に導き、それまで分断状態にあったドイツを統一して一八七一年にドイツ帝国を創建した、その最大の立役者である。こうした彼の政治手法がまさにパワー・ポリティクスを体現するものであったからこそ、実力を伴わない「小国」が国際法を楯に取ろうとしても、大国の力ずくの動きを前にしては、国際法は自国を守ってくれないという彼の発言は一層真実味を帯び、「よくよく味わうべき言葉」[*2]として明治日本を背負って立つ政治家たちに深い感銘を与えることになった。彼らが帰国後、富国強兵路線を推進していくことになったのは言うまでもない。

ここで気になるのが、国際法に対するビスマルクの否定的な認識である。そもそも彼は、先述のように三度の戦争でもってドイツ統一を成し遂げたのであって、「演説や多数決」[*3]といった平和的手段や国際法に頼ったわけではない。ここに見られる彼の武断的な一面は、近年の研究が明らかにするように、彼の死後異様な盛り上がりを見せた神格化の動き（いわゆる「ビスマルク神話」）のなかで、「鉄血宰相」という異名の下で著しく強調され肥大化した形で人口に膾炙《かいしゃ》していった。[4]そのような従来のイメージからすれば、先に見た彼の発言は何の違和感もなく受け止めることができるかもしれない。

だがここで注意したいのは、このときのビスマルクの発言が、岩倉使節団の一員として記録に勤《いそ》しんでいた久米邦武《くにたけ》が書き留めているように「小国としての実際の状況を自ら体験し、常に憤《ふん》懣《まん》を感じていたこと」に基づいていたという点である。[5]つまり、ここに見られる国際法に対する彼の認識は、何らかの実体験に立脚していたように思われるのだが、果たしてそのようなことがあったのだろうか。

そこで、ビスマルクの成功体験として直線的に語られがちなドイツ帝国成立過程の歴史を改めて紐解くと、それらしき事例を見出すことができる。ここでいう国際法とは一八五六年四月十六日の「パリ宣言」である。これは(海事問題に関してそれまで懸案とされてきた)戦時における商船拿捕《だほ》と中立通商保護に関する初の国際的なルールであり、国際法学の分野では多数国間の立法条約の最初の事例として知られているものでもある。[6]ビスマルクは、ルクセンブルク危機(一八六七年)でフランスとの戦争が危ぶまれたとき、そしてそれが独仏戦争(一八七〇―七一年)として現実のものとなったときに、プロイセンも加盟するこのパリ宣言を引合いに出した外交を、フランスやイギリスのみならずアメリカ合衆国に対しても展開するのである。

ここで大きな疑問に直面する。一八七〇年七月に勃発した独仏戦争では、同年九月初旬にフランス皇帝ナポレオン三世を捕虜にし、その後すぐフランスの首都パリを攻囲するなど、終始ドイツ側が戦局を優位に進めていたはずではなかったか。しかもこの戦争は陸戦が主体であり、海戦が重要な役割を果たす瞬間は終《つい》に訪れなかった。こうした従来の定説に著者も異論はない。では何故ビスマルクは、このときパリ宣言に注目したのだろうか。そうしなければならない必要性が一体どこにあったのだろうか。

疑問はこれだけではない。フランスに対抗すべくパリ宣言を引合いに出した外交を展開するに際して、何故ビスマルクはパリ宣言の中核をなすイギリスにではなく、これに加盟していない米国にアプローチを仕掛けたのであろうか。当時ビスマルクの関心はドイツ統一問題とそれに伴うヨーロッパ外交に向けられており、ヨーロッパ外のことには（後の植民地問題も含めて）基本的に無関心であったと言ってよい。しかもこのとき米国は、南北戦争（一八六一―六五年）がようやく終わって国内再建に向けて動き出していたところであり、欧米相互不干渉を主旨とするモンロー主義を外交方針に掲げていた。そのような米国に対して何故ビスマルクがアプローチを仕掛けたのか。これは、当時のビスマルク外交において一体どのような意味があったというのであろうか。

これらの問題を解明するために、本書の視線は独仏戦争の主戦場から遠く離れた極東にも向けられる。何故なら、独仏戦争が勃発するとこれら二つの問いが、ここ日本において期せずして意外な形で交錯することになるからである。両国は極東で実際に戦火を交えるには至らなかったが、明治維新を迎えた日本で展開された独仏双方の駆引きと対立を見ていくことは、ヨーロッパ中心史観で論じられがちなビスマルク外交を、日本を含めたグローバルな視点で捉え直すことに多少なりとも貢献できるであろう。

そこで本書は、①ビスマルクの対米政策、②パリ宣言に絡む海事問題、③極東情勢という三つの視角から、ルクセンブルク危機と独仏戦争時に見られたビスマルク外交を再考し、これらの問いを解明していきたい。それは、日本や米国を視野に入れながら、海の問題（具体的には、当時既にグローバルな規模で活動していたドイツ商船をいかにして保護するかという問題）からビスマルク外交と独仏戦争を再考するグローバル・ヒストリーであり、ヨーロッパでの外交と戦争というイメージを生成してきた従来のそれとは異なる、もう一つのビスマルク外交・独仏戦争の歴史となるだろう。

本書の構成は、次の通りである。まず第一章では、ビスマルクとナポレオン三世が全面対立に至ったルクセンブルク危機について概観し、何故両国が対立することになったのかについて考察する。第二章では、ルクセンブルク危機時にビスマルクが行った対米打診に注目する。その中身は、フランス海軍に対抗すべく米国での軍艦調達とパリ宣言の改定を試みるものであり、その詳細を明らかにしていく。

第三章以下では、独仏戦争時のビスマルク外交についてパリ宣言の視角から考察していく。まず第三章では、開戦時にビスマルクが採った対応について、特に米国での軍艦調達の試みと対仏商船保護宣言に注目したい。また、独仏戦争とパリ宣言を論じた先行研究でよく紹介される、北ドイツ連邦海軍が設けた「義勇海軍」についてもここで確認したい。第四章では、開戦から約二カ月に及ぶ北ドイツ沿岸での独仏両海軍の動向を見ていく。その際、このときのフランス海軍による海上封鎖が実はパリ宣言違反ではないかというドイツ側の主張に注目、検証していく。第五章では極東に舞台を移し、明治維新を迎えた日本や清朝中国での独仏双方の動向を見ていく。実はこのとき日本では、現地に派遣されていた独仏双方の軍艦の艦長レベルで停戦を模索する動きが見られた。また、この戦争では日本が西洋列強に対して初めて局外中立を宣言するのだが、これをめぐって独仏双方の駐日外交官が激しく衝突する場面も見て取れる。これらの点について詳しく見ていきたい。第六章では、極東を含むグローバルな規模でフランス海軍に苦しめられていたビスマルクが外交的にも追い詰められ、パリ宣言を引合いに出して反撃に転じる様子を見ていくとともに、果たしてそれがどの程度効果があったのかについて考察する。

そして、終章ではこれまでの議論を総括した上で、先に掲げた三つの視角からルクセンブルク危機と独仏戦争時のビスマルク外交を再検討し、どのような全体像が描けるのか見ていきたい。

日本や米国を含め、海の問題からグローバルな視点で独仏戦争時のビスマルク外交を見ると、一体何が見えてくるのだろうか。詳しくは本書を読み進めていただきたいのだが、そこから見えてくるのは、二十世紀に入ると当時世界最強を誇るイギリス海軍を相手に建艦競争を仕掛け、二度の世界大戦では連合国の海軍を相手に戦闘を繰り広げていくイメージとは程遠い、イギリスやフランスはおろか、ロシアの後塵を拝する程度の海軍力しか有していなかったプロイセン・ドイツの実態である。自国の海軍力だけでは如何《いかん》ともしがたい状況下で、当時イギリスに次ぐ海軍大国フランスを相手に外交の名手ビスマルクは、グローバルな規模で活動するドイツ商船を守るためにいかに立ち回ったのか。独仏戦争の勝利とドイツ帝国の創建という輝かしい功績の陰にあって、これまで見落とされてきたビスマルクのこの問題をめぐる苦闘に注目することで、当時のビスマルク外交と独仏戦争をグローバルな視点で捉え直すことが本書の目指すところである。

凡　例

一、本書では、一八七〇年七月―七一年五月にプロイセンとフランスの間で生じた戦争のことを、わが国において高校世界史の教科書をはじめ広く使用されている「普仏戦争」ではなく、「独仏戦争」と表記する。この戦争にはプロイセンが盟主を務める北ドイツ連邦に加え、プロイセンと攻守同盟を結んでいた南ドイツ諸邦が参戦、さらに戦中の一八七一年一月にこれらのドイツ諸邦間でプロイセン王を皇帝とするドイツ帝国が成立、フランクフルト講和条約もフランスと（プロイセンではなく）ドイツ帝国の間で締結されているため「普仏戦争」という表記よりも適切だからである。ちなみに、ドイツでは「独仏戦争」（Deutsch-Französischer Krieg）と表記するのが一般的である。

一、本書では、プロイセン外務省を母体として一八七〇年一月に発足した北ドイツ連邦（一八七一年からはドイツ帝国）の外交業務を扱う部署（Auswärtiges Amt）を、読みやすさを考慮して、プロイセン外務省と訳し分けずにそのまま「外務省」（厳密に訳せば「外務局」）と訳している。ちなみに、現在のドイツ連邦共和国外務省もこの名称を用い続けている。なお、北ドイツ連邦／ドイツ帝国は内閣制度を採用しておらず、その長（Staatssekretär）は（「大臣」ではなく）「長官」としている。

一、日付は西暦で統一し、必要に応じて旧暦を併記した。

一、史料引用文中にある傍点は、特に断りがない場合はオリジナル（実際には下線で強調されている箇所）であり、（　）は引用者による補足、［　］は引用者による注記である。

一、邦語史料の引用に際しては、読みやすさを考慮して適宜句読点や濁点を加え、旧字体を新字体に改めるなど一部現代表記に改めた。

目次

第二章　米国への打診　53

校　閲　髙松完子
図版作成　原　清人
D T P　㈱ノムラ

図版出典一覧

23頁　**ビスマルク**（1871年7月3日 Loescher & Petsch, Berlin）
Archiv der Otto-von-Bismarck-Stiftung, Friedrichsruh
https://www.bismarck-stiftung.de/otto-von-bismarck/bismarck-im-bild/

25頁　**ナポレオン3世**（H. フランドラン画, 1862. ヴェルサイユ宮殿）
https://commons.wikimedia.org/wiki/File:Napol%C3%A9on_III_par_Jean_Hippolyte_Flandrin.jpg

127頁　**装甲フリゲート艦〈クロンプリンツ〉**
https://de.wikipedia.org/wiki/SMS_Kronprinz_(Schiff,_1867)#/media/Datei:SMS_Kronprinz_1876.jpg

138頁　**セダンの戦い後のビスマルクとナポレオン3世**（W. カンプハウゼン画）
Archiv der Otto-von-Bismarck-Stiftung, Friedrichsruh

193頁　**フランス商船を襲うコルベット艦〈アウグスタ〉**（A. キルヒャー画）
Alexander Kircher, *Angriff der preußischen Korvette Augusta auf französische Handelsschiffe in der Gironde im Deutsch-Französischen Krieg 1870/71*.
https://commons.wikimedia.org/wiki/File:Alex_Kircher_2,_Korvette_Augusta_1870.jpg

196頁　**1870年12月22日付ビスマルク発ベルンシュトルフ宛第108号訓令より**
BArch, R 901/33622.

224頁　**ドイツ皇帝即位宣言式**（A. v. ヴェルナー画）
Otto-von-Bismarck-Stiftung, Friedrichsruh (Bismarck-Muse-um)

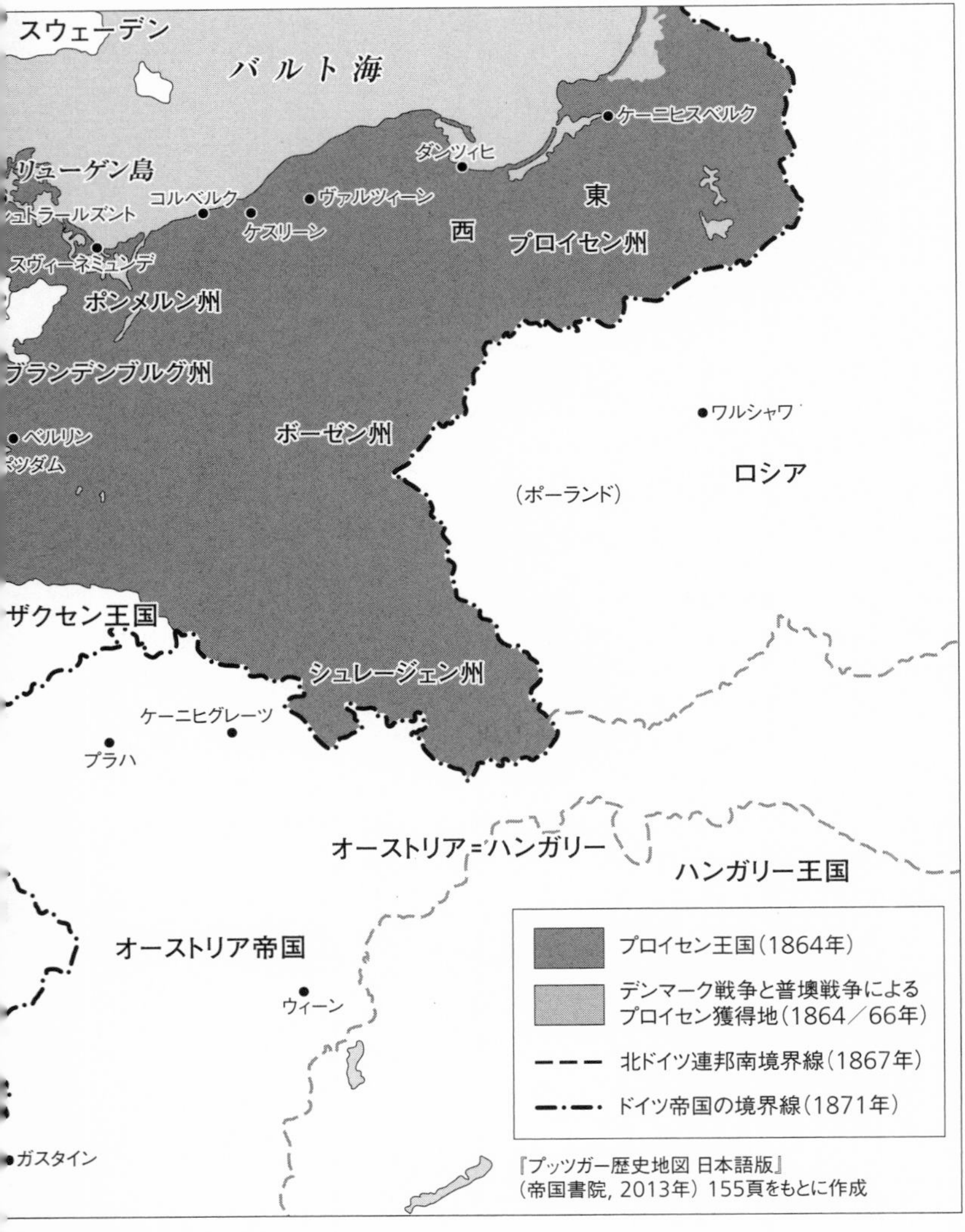

『プッツガー歴史地図 日本語版』
（帝国書院，2013年）155頁をもとに作成

国 周 辺 図

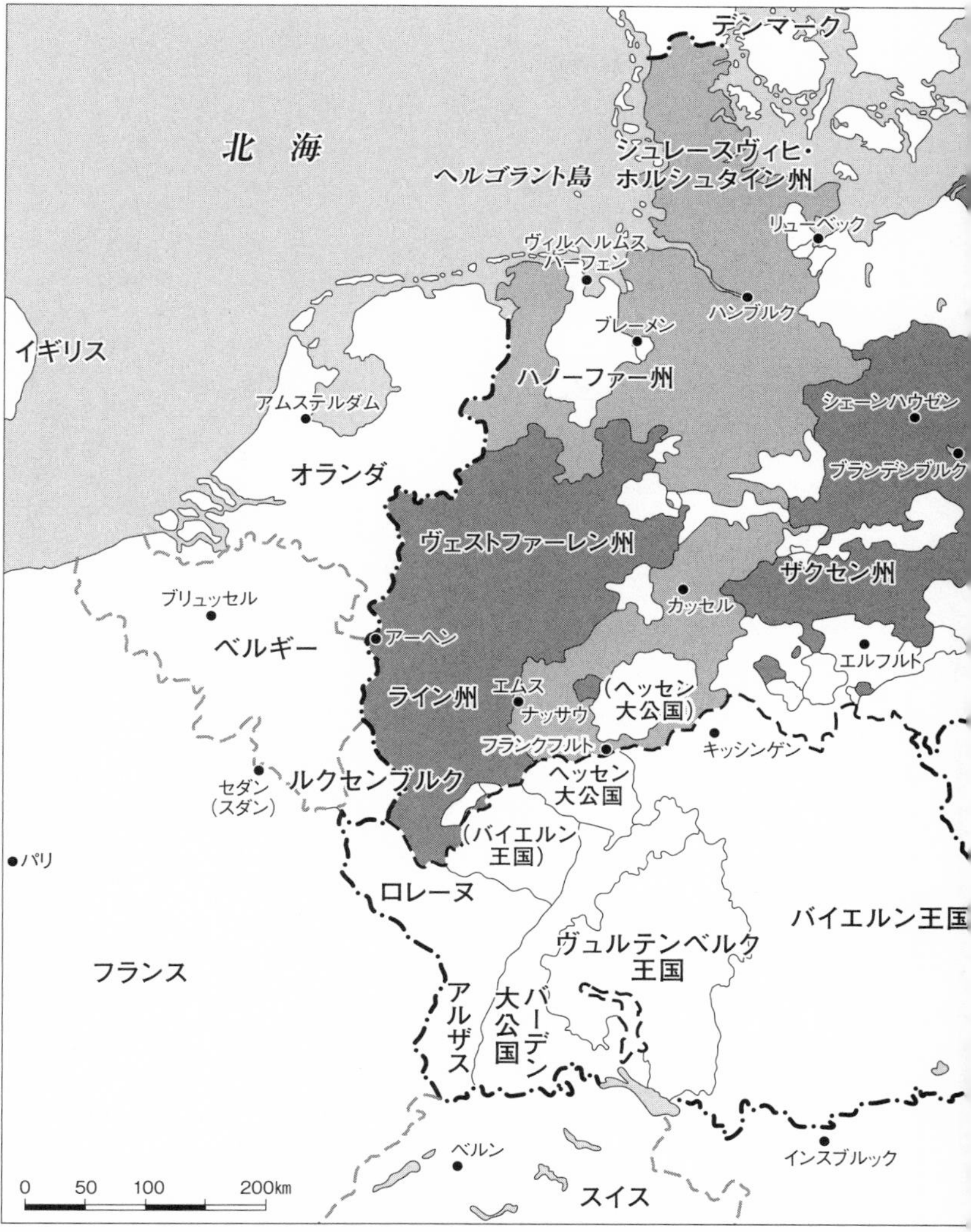
デンマーク
北 海
ジュレースヴィヒ・
ホルシュタイン州
ヘルゴラント島
リューベック
ヴィルヘルムス
ハーフェン
ハンブルク
ブレーメン
イギリス
ハノーファー州
アムステルダム
シェーンハウゼン
ブランデンブルク
オランダ
ヴェストファーレン州
ザクセン州
ブリュッセル
カッセル
アーヘン
ベルギー
エルフルト
エムス
(ヘッセン
大公国)
ライン州
ナッサウ
フランクフルト
キッシンゲン
ヘッセン
大公国
セダン
(スダン)
ルクセンブルク
(バイエルン
王国)
パリ
ロレーヌ
バイエルン王国
ヴュルテンベルク
王国
フランス
アルザス
大公国
バーデン
ベルン
インスブルック
0
50
100
200km
スイス

ドイツ帝

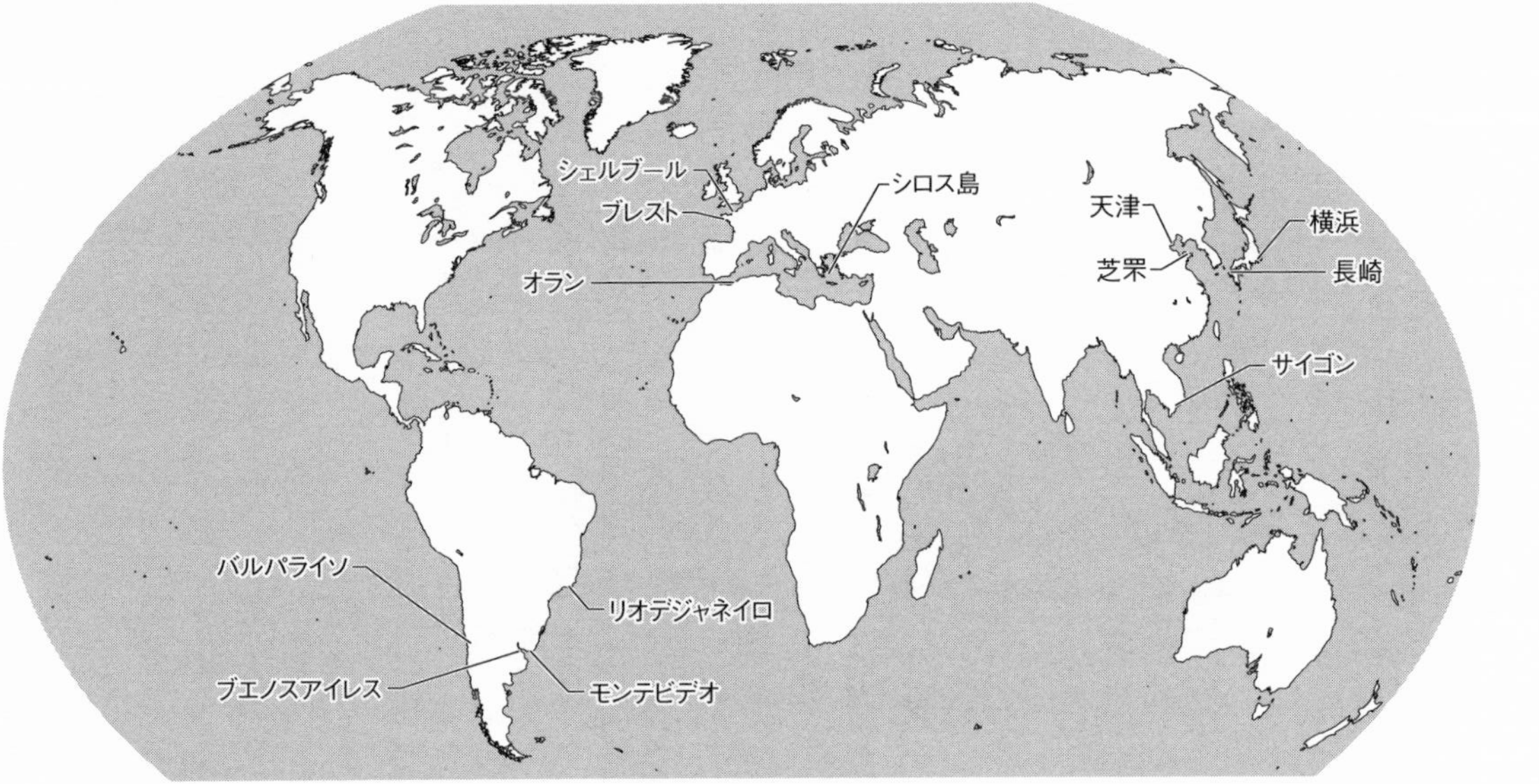
シェルブール
ブレスト
シロス島
天津
横浜
芝罘
長崎
オラン
サイゴン
バルパライソ
リオデジャネイロ
ブエノスアイレス
モンテビデオ

関係世界地図

第一章

普仏対立へ

――ルクセンブルクをめぐる戦争の危機

本書の主題である独仏戦争とパリ宣言をめぐるビスマルク外交の直接的な起源は、一八六七年春にルクセンブルクをめぐって生じた普仏間の戦争危機に遡《さかのぼ》ることができる。そこで本章では、この危機とそこに至るまでの普仏関係を見ていきたい。

まずは本題に入る前に、危機に至るまでのビスマルクの半生を概観しつつ、彼がどのような政治家であったのか、そしてフランスに対してどのような姿勢を採っていたのか確認しておこう。

一　ビスマルクとナポレオン三世

ビスマルクという政治家

そもそもビスマルクとは一体どのような人物なのだろうか。

彼は一八一五年、エルベ川以東で大農場を経営し、プロイセン王国において政治や軍事の要職を占めるユンカーの家系に生まれた。四七年にプロイセン連合州議会議員として政治活動を始め、五一年からはドイツ連邦議会プロイセン公使としてフランクフルトに駐在、その後ペテルブルク駐在公使、パリ駐在公使を経て、六二年にプロイセン首相兼外相に就任した。このとき四十七歳であった。

ちなみに、当時のドイツにはナポレオン戦争後に築かれた国際秩序「ウィーン体制」の下で、プロイセンやオーストリアをはじめ約四十の君主国や都市国家から構成される「ドイツ連邦」が設けられていた。今日では「連邦」と聞くと統一国家を想起しがちだが、このドイツ連邦では独自の元首や執行府は設けられず、フランクフルトに加盟各邦の公使から成る連邦議会が存在するだけであり、政治的に統一されていたとは到底いえず「国際的な君主同盟に近い」[*1]ものであった（それ故「ドイツ同盟」という訳語を当てる場合もある）。こうした分立状態にあってドイツでは、フランス革命／ナポレオン戦争の影響を受けて、統一と国民国家の創設を求めるナショナリズムの動きが顕著になっていくのである。

このような時代風潮に対して、ビスマルクは――ドイツの歴史家L・ガルの表現を借りれば、時代遅れの「札付きの反動ユンカー」[*2]と評されるような――保守反動的な言動をとっていた。彼は「神の恩寵」によるプロイセン君主の絶対的な主権と伝統的な社会・秩序を擁護する一方、ドイツ統一という国民的悲願を「感傷的な青年による月下の妄想」として一蹴、一八四八年革命が勃発してナショナリズムが大きく高揚したときも「反革命の闘士」として精力的な活動を展開したのである。「我々はプロイセン人であり、プロイセン人であり続けることを望みます」といった発言からも窺《うかが》えるように、彼は「生粋のプロイセン人」としてプロイセン王国と自分を重ね合わせ、その権益の擁護・拡大を追求したのである。その目指す先はドイツ統一などではなく、北ドイツにおいてプロイセンの覇権を確立することで（ドイツ連邦における主導権争いでオーストリアの後塵《こうじん》を拝すかのような状況から脱して）大国としての然るべきポジションを確保することであった。

ビスマルク

だが、ビスマルクという人物は従来の保守的な政治家の枠組みには収まりきらない要素を持ち合わせていた。彼によればイデオロギーや原理原則に拘束されると国益を損なうおそれがあり、大国の政治外交は「国家エゴイズム」に基づいて、すなわち、ただ自国の利害に対する冷静な評価によって現実主義的に決定されるべきだというのである。そして、プロイセンの国益に合致するのであれば、保守派が忌み嫌う革命勢力やナショナリズム勢力に対しても接近することを躊躇《ためら》わなかった。

そのなかの一人がフランス皇帝ナポレオン三世であった。

ナポレオン三世とフランス

後にナポレオン三世を名乗ることになるルイ＝ナポレオン・ボナパルトは一八〇八年、当時全盛期を迎えていたフランス皇帝ナポレオン一世の甥としてパリで生まれた。一八一五年にナポレオン一世が失脚すると、彼は母親に連れられて各地を転々とした後、スイスのアレーネンベルクで亡命生活を送ることになった。ナポレオン一世の熱心な崇拝者であった母親の影響と、熱心な共和派であった家庭教師の薫陶《くんとう》を受けた彼は、ナポレオンに象徴される「権威」と、共和政が代表する「自由」を結びつける特有の政治思想を抱くようになった。[*3] 三六年にはストラスブールにて、四〇年にはブローニュにて、フランス七月王政に対するクーデタを企図したがいずれも失敗、一度目は国外追放となってアメリカに渡ることになったが、二度目は投獄された。だが、四六年には脱獄してイギリスに亡命している。

転機となったのは一八四八年のことである。パリで二月革命が勃発すると彼は帰国し、誕生したばかりのフランス第二共和政の下で初代大統領に選出された。彼はその特有の政治思想から、共和制が代表する「自由」の支配を準備するには、ナポレオンの名が体現する「権威」を再建する必要があると考え、偉大なる伯父の成し遂げた第一帝政の理念を継承しながら、人民を基盤とする「皇帝民主制」を導入しようと考えていたのである。議会と衝突すると彼は五一年十二月にクーデタを起こして全権を掌握、その翌年十二月に人民の支持を受けて皇帝に即位、ここにナポレオン三世が誕生した。

ナポレオン3世（H. フランドラン画）

彼のねらいは、偉大な伯父を打倒して形成されたウィーン体制を打破し、フランスの勢力をヨーロッパ内外に拡大することで、かつてのフランスの栄光を取り戻すことにあった。そのようなナポレオン三世にとって、クリミア戦争（一八五三／五四―五六年）はまさに好機であった。ロシアとオスマン帝国の間で勃発したこの戦争にフランスは一八五四年、イギリスと共にオスマン帝国側に立って参戦すると、講和をめぐる外交の主導権を握り、五六年のパリ講和会議を成功に導くことで外交的栄光を獲得したのである。

この頃彼はアジアでは、アロー戦争（一八五六—六〇年）を通じて清朝中国に進出するのみならずインドシナ半島にも勢力を広げ、一八五八年には日本とも修好通商条約を結んでいる。他方ヨーロッパでは、その翌年にイタリア統一戦争が勃発すると、彼はそれを推進するサルデーニャ王国の側に立って参戦、その見返りとしてサヴォアとニースを獲得したのであった。

当初のビスマルクの対仏姿勢

これから統一を目指すドイツのナショナリズム勢力に、イタリア統一戦争が大きな影響を与えたことは言うまでもない。こうした事情から、プロイセン国内では正統主義を奉じる国王の側近ゲルラッハ兄弟を中心とする強硬保守派は、かつてのフランス革命／ナポレオン戦争の記憶も相《あい》俟《ま》って、ナポレオン三世を革命原理の体現者として忌み嫌っていた。そしてビスマルクは代議士・外交官時代を通じて、このグループに属していた。

ところが、そのグループにあってビスマルクは特異なことに「フランス嫌い」ではなかった。かといって「フランス贔屓《びいき》」というわけでもない。*4 このときの彼の対仏認識は（ドイツ帝国成立以降とは対照的に）柔軟で戦略的なものであり、ナポレオン三世統治下のフランスを「プロイセン外交のファクター」として評価していたのである。[*5] 例えば、一八六〇年五月には次のように述べている。

現在のところ、フランスは同盟のパートナーとしては最も問題のある相手でしょうが、その可能性は保持しておかなければなりません。なぜなら、チェス盤六十四のマス目のうち十六が最初から使えないというのではチェスはできませんし、フランスとの戦争は避けられないという重荷を背負いながら一緒にやっていこうとするのであれば、他の諸国政府とは折り合いがつかなくなるでしょうから。[*6]

このように彼はフランスを最初から敵視するのではなく、先述した「国家エゴイズム」に則り、プロイセンにとって有益であれば提携も辞さない姿勢をとった。そして、プロイセンがオーストリアに対抗するには、フランスとの友好関係は——実現しようがするまいが——効果的であり、フランスをそのような可能性のある相手として認識するところから始めなければならないと説くのである。[*7] その姿勢は彼がプロイセン首相に就任した後も続いた。

それは、プロイセンが有する地政学的理由から見ても理に適《かな》うものであった。プロイセンであれドイツであれ、この国はヨーロッパ大陸の中央部に位置するが故に、時代を問わず常に「東」

と「西」との関係をどのようにするかという問題を抱えている。対応を一つでも誤ると、かつてフリードリヒ大王がオーストリア、フランス、ロシア、スウェーデンの四カ国を同時に敵に回した七年戦争（一七五六―六三年）のときのように、滅亡の危機に陥ってしまうからである。

したがって、プロイセン首相就任時のビスマルク外交は、東の隣国ロシアのみならず、西の隣国フランスとも協調路線を採りながら、オーストリアに対して北ドイツにおけるプロイセンの勢力拡大と覇権確立を目指した点にその特徴があると言えよう。ロシアとはホーエンツォレルン家とロマノフ家間の姻戚《いんせき》関係に加え、かつて（オーストリアも交えて）共にポーランドを分割しあっており、現地での暴動やナショナリズムの動きに対して共通の利害で結びついていたが、それに比してフランスとはそれほど強力な結びつきがなく、国内には先述したようにフランス革命の記憶と共に根強い反仏勢力も存在した。そこで彼は頻繁にナポレオン三世に接触し、プロイセンの勢力拡大の見返りに代償となる領土を提供する姿勢をちらつかせて味方につけようとしたのである。[*8]

ちなみに、ここに見られる「領土補償」という手法は、アメリカの歴史家O・プフランツェが指摘するように、特に十八／十九世紀のヨーロッパ国際政治では勢力均衡を維持するために慣習的に行われていたものであり、ビスマルクもこうした伝統的な外交手法に則って行動していたと評価できよう。[*9]

二　ルクセンブルクをめぐる普仏提携の可能性

ナポレオン三世とルクセンブルク

このとき普仏間で領土補償の候補地として取沙汰されていたのがルクセンブルクであった。ルクセンブルクは今日ではドイツ、フランス、ベルギーに囲まれた一小国である。かつては神聖ローマ帝国にあって皇帝を輩出したこともあったが、十七世紀以降スペイン、フランス、オーストリアによる支配を相次いで受け、フランス革命時にはフランスに併合された。ナポレオン戦争後、ルクセンブルクはウィーン体制下で新たに大公国として出発するものの、同君連合の関係にあったオランダ王の主権下におかれ、このときは完全独立とまではいかなかった。一八三九年に仏語圏であった国土の西半分がベルギーに編入されたことで今日の国土を形成するのだが、当時のルクセンブルクはむしろドイツとの紐帯の方が強かったと言ってよい。一八一五年にドイツ連邦に加盟すると、ここにドイツ連邦の要塞がおかれ、プロイセン軍が駐屯することになった。[*10]そして四二年にはドイツ関税同盟にも加盟している。

一八六四年二月、ユトランド半島南部に位置するシュレースヴィヒ公国とホルシュタイン公国の帰属先をめぐって、[*11]普墺両国とデンマークの間で戦端が開かれると（デンマーク戦争）、フランス外相ドゥルワン・ド・リュイスは早速、駐仏プロイセン大使ゴルツに対して次のように切り出した。シュレースヴィヒとホルシュタインについては一国家として創建されるよりはプロイセンの勢力下に入った方が好ましいが、国境線の変動が生じればフランスは一八一四年に取り決められた国境線への復帰を目指し[*12]、最終的にはオランダ領リンブルクとルクセンブルクをフランスに編入したいというのである[*13]。

この発言は、当時のナポレオン三世の外交方針を端的に示すものであった。このとき彼はメキシコに出兵して勢力拡張を企図していたのだが、現地での激しい抵抗と米国との軋轢を生み、撤退に追い込まれていた[*14]。そのため彼は、対外的失敗を埋め合わせるべく何らかの外交的成果を欲しており、ドイツ問題をめぐる普墺両国の対立にそのチャンスを見出したのである。

デンマーク戦争のときには普墺両国の協調が見られたものの、それも長続きせず、ドイツ問題をめぐる両国の対立は一八六六年六月には普墺戦争へと至った。翌月のケーニヒグレーツの戦いでプロイセンが勝利を収めると、ナポレオン三世はベルリン駐在フランス大使ベネデッティを急ぎプロイセン軍の総司令部に派遣、普墺両国の調停と併せてプロイセンの勢力拡大に対する領土補償を要求してきたのである。八月五日にベネデッティが作成した最初の普仏秘密協定案を見ると、このときフランスは「一八一四年の国境線」としてライン左岸地方（具体的にはプロイセン領ザールブリュッケンやザールルイ、バイエルン領ランダウとヨックグリム、ヘッセン領マインツ[*15]）を要求するのみならず、リンブルクとルクセンブルクをドイツから切り離し[*16]、ルクセンブルク要塞からプロイセン軍が撤退することも求めてきた。[17] しかも、その数日後には要求をさらにエスカレートさせ、ルクセンブルクに加えベルギー（あるいはその一部）までもが要求リストに付け加えられたのである。[18] このときナポレオン三世は、この要求が認められなければドイツ統一はおろか普墺戦争後のプロイセンの勢力拡大すら承認するつもりはないと強気であった。[19]

ビスマルクとルクセンブルク

確かにビスマルクは以前からフランスに対して（具体的な地名こそ挙げてはいないが）領土補償の要求に応じるような素振りを見せていた。しかもこのときはオーストリアとの講和条約交渉の最中であり、干渉を防ぐにはフランスの機嫌を損ねるわけにはいかない。だからといって、これらの要求をすべて呑むことは不可能であった。

その理由は、普墺戦争の勝利に沸き、ドイツ統一という国民的悲願が現実味を帯びて熱狂するプロイセン世論にあった。実はこれこそが普墺戦争時にプロイセン軍が占領したハノーファー王国、ヘッセン＝カッセル選帝侯国、ナッサウ公国、自由都市フランクフルトをプロイセンに併合することを認めた「併合法」を、プロイセン下院にてわずか一カ月足らずで成立させる動因となったのである[20]（一八六六年九月七日）。プロイセンの勢力拡大と北ドイツにおける覇権確立というビスマルクの政策目標を、「鉄血演説」（一八六二年九月三十日）以来、彼と激しく対立していた議会や世論が後押しする構図が、期せずしてここに姿を現したことになる。

さらに、これと前後してプロイセン下院では、ビスマルクが提出した「事後承諾法」が可決される（一八六六年九月三日）。これは「鉄血演説」によって議会と対立した彼がそれまで続けてきた予算なしの統治を、議会が事後承諾する代わりに、これ以降は国家の財政運営を予算に基づいて行うこととされたのである。ここにビスマルクと議会の和解が実現することになる。

かくして普墺戦争でプロイセンが勝利すると、議会も世論もビスマルクを後押しして、ドイツ統一に向けて大きな盛り上がりを見せるようになる。繰り返しになるが、彼の政策目標は北ドイツにおけるプロイセンの覇権確立にあった。だが、彼は普墺戦争に際して不利な状況を少しでも改善すべく、ナショナリズムを利用しようとした。小ドイツ主義（オーストリア帝国に居住するドイツ人を排除してプロイセンを中心とするドイツ統一を求める方式）を戦争目的として掲げたのである。そのため、普墺戦争の勝利によって右に述べたような議会や高揚する世論の動きを前に、彼はドイツ連邦を解体して、連邦制に基づくプロイセン主導の「北ドイツ連邦」を創設するに留まらず、元来意中になかった小ドイツ主義に基づくドイツ統一路線を推し進めていくことになったのである。

したがって、事ここに至ってはプロイセン領であろうとなかろうと、ドイツの地をフランスに譲渡することなど到底できない話であった。彼が八月十七日、ベネデッティに対して、フランスが現地住民に対して直接その旨を公表して彼らの賛同を得られない限り「一八一四年の国境線」

要求には応じられないと通告したのは、そのためである。[*21]

こうしたなかで、ビスマルクが唯一領土補償として応じることができたのがルクセンブルクであった。右に述べた八月十七日のベネデッティとの会談で彼は、ルクセンブルクを新しく創設される「北ドイツ連邦」に加える気はなく、フランスの好きにしてよいとしている。その理由としては、ルクセンブルクはオランダ王の主権下にあって（世論も含めて）ドイツ側は口を出すことができないとビスマルクが認識していたからである。[*22]また、彼はルクセンブルクに政治的・軍事的な価値を見出しておらず、軍部とは異なり、ルクセンブルク要塞からプロイセン軍を撤退させることに吝《やぶさ》かではなかったことも理由として挙げられる。[*23]

このように見ると、ドイツの歴史家A・ヒルグルーバーをはじめ一部の先行研究が指摘するように、ルクセンブルクを犠牲にするだけでフランスと一戦交えることなく平和裏にドイツ統一事業を大きく進展させられるのであれば、彼にとって決して悪い話ではなかったと言えるだろう。[*24]

幻の普仏条約とビスマルクの真意

こうしてルクセンブルク譲渡を軸に交渉が進展し、その成果は八月二十三日付でベネデッティがまとめた次のような普仏条約案に結実する。[*25]

第一条においてフランスが普墺戦争によるプロイセンの勢力拡大と北ドイツ連邦の成立を承認

する代わりに、第二条においてプロイセンはフランスのルクセンブルク取得を支援し、そのための交渉をオランダと開始することとされている。[*26] 第三条では、北ドイツ連邦と南ドイツ諸邦が連邦国家を形成する場合、フランスはそれに反対しないことを約束する代わりに、第四条において、フランスがベルギーに出兵して征服しなければならない状況に陥った際には、プロイセンは他の列強が宣戦布告した場合でもフランスに対して軍事的支援を行うとされている。そして、これらの条文施行を保障するために、普仏間で、共同で第三国に対する攻撃や防御にあたる攻守同盟を結ぶことが第五条に盛り込まれた。

さて、この条約案にビスマルクはどの程度本気で向き合っていたのだろうか。第四条のベルギー条項に関しては留保が必要であろう。これに対する彼の積極的な言説がフランス側の外交文書にしか見出せず、この時期のプロイセン側の外交文書では、ベルギーの独立・中立維持に強い関心を示すイギリスを考慮してか、[*27] 明言を避けているからである。それどころか、これはフランスの罠であり、この条約案をわざとイギリスやその他の列強に暴露してプロイセンを陥れようとしているのではないかとさえ疑っている。[*28]

だが著者は、この条項にもビスマルクは最終的に一定の同意を与えたものと見ている。プロイセン外務次官補ティーレによれば（これは一八六七年三月の話になるのだが）ベネデッティはこの件でビスマルクの発言を本国に報告する際には本人のチェックを受けていたという。[*29] そうであれば、たとえ草案であったとしてもビスマルクの了解なしにこうした条約案を作成したとは考えられないのである。また、ベネデッティが八月二十三日付報告のなかで、プロイセンとの合意成立を優先してランダウとザールブリュッケンを盛り込まず、「ルクセンブルクとベルギーだけに留めてあります」とわざわざ記している点からもそのことが窺えよう。[*30]

それとは対照的に、第二条のルクセンブルク条項に関しては、ビスマルクは早速実現に向けて動き出している。八月三十一日、彼は駐蘭プロイセン公使ペルポンヒャーに対して「わが国は、ルクセンブルクもしくはリンブルクを北ドイツ連邦に加盟させることに大きな価値を見出してはいない」のであり、プロイセンのねらいは「リンブルクを〔オランダ王に〕好きにさせる代わりに、オランダにルクセンブルクを放棄させること」であると伝えている。[*31] オランダ王ウィレム三世が重視するリンブルクを持ち出すことで、ルクセンブルクを放棄しやすくなる環境を整えようとしたのではないかと考えられる（註16参照）。

但し、ルクセンブルクのフランスへの譲渡方法に関しては、ビスマルクは次のような細かい注文をつけている。それは、①ルクセンブルクにおいて世論を刺激するやり方ではなく、「要塞から都市を解放してもらいたい」と平和裏にプロイセン軍撤退の要望が出されれば、②ルクセンブルク大公を兼ねるオランダ王は住民の要望に応じる形で（ドイツ連邦解体後の）プロイセン軍駐屯権の期限に異議を申し立てて、駐屯軍撤退をプロイセンに要望することができ、さすれば③プロイセンとしては自然な形で駐屯軍撤退を議論することができる、というものであった。[*32] このような手法を採れば、領土併合とナショナリズムに沸く国内世論を刺激せずに、さらにはドイツ統一事業を進めるプロイセンの面目を失うことなくルクセンブルク譲渡が実現できると考えていたのである。そして彼は、この問題が破綻して危機が勃発するまで一貫してこれを主張し続けた。[*33]それどころか——これはルクセンブルク危機後のことになるのだが——このときフランスにルクセンブルクを譲渡する用意があったことを彼は何度も口にしているのである。[*34]

先行研究のなかには、ビスマルクは領土的野心の強いナポレオン三世にルクセンブルクを「囮《おとり》」としてちらつかせながら交渉を長引かせ、その隙に普墺戦争の勝利の勢いにのってドイツ統一事業を一気に推し進めようとしたとして、ビスマルクの「術策的」性格を強調する見方がある。[*35]こうした見方は、実際にフランス側がそのように認識していたことが当時の外交文書から確認できることや、[*36]ビスマルク自身が独仏戦争直前に(エムス電報のような)「術策」を弄《ろう》していることもあって(92頁以下参照)、これまで幅広く受け入れられてきた。しかしながら、ここまでの議論を踏まえると、このときビスマルクは対仏協調とドイツ統一事業での世論との協調を両立させ、その範疇でルクセンブルク問題を扱おうとしていたことになり、彼にとってルクセンブルクは少なくともこの時点ではナポレオン三世に対する「罠」でも「囮」でもなく、フランスへの領土補償の対象であったと評価できるのではなかろうか。[*37]

三　事態の暗転

停滞

ところが、この条約案が実際に調印されることはなかった。合意が成立して一カ月も経たないうちに、ビスマルクが早くも交渉引延しにかかったからである。そうせざるを得ない理由が彼にはあった。プロイセン王ヴィルヘルム一世がこの話に賛同しなかったのである。プロイセン王が普仏提携に好意的姿勢であるとビスマルクは述べているが、[*38]このときヴィルヘルム一世は領土割譲やベルギー問題が絡む普仏提携案を拒んでおり、ビスマルクの説得にも応じる気配はなかった。[*39]

ちなみに、両者の衝突は時期を問わず頻繁に見られ、大概はビスマルクがヴィルヘルム一世を説得して押し切るのだが、このときはそうはいかなかった。九月半ば、ビスマルクの膝を強烈な神経痛が襲い、[*40]彼は公務を離れてバルト海に浮かぶリューゲン島のプトブスへ三カ月ほど引き籠《こも》ってしまったからである。ルクセンブルク交渉は中断を余儀なくされた。

この約三カ月の間にビスマルクとベネデッティを取り巻く環境は大きく変化する。ベネデッティはこの件を急いで実現すべくますます焦るようになり、他方ビスマルクは時間を稼ぐべく、この件を少しでも先送りしようとするのである。

ベネデッティの焦りは、当時のフランス国内事情と密接にかかわっていた。先述のように、メキシコ出兵の失敗からナポレオン三世は、自らの王朝的支配体制を維持するために何らかの対外的成功を欲しており、戦わずにルクセンブルクを獲得できるとあってビスマルクとの交渉に執着したのである。そして、翌一八六七年二月に開かれる立法院でルクセンブルク獲得という外交的成果をアピールしようと企図していた。フランス側が焦るのも無理はない。[*41]

それとは対照的に、ビスマルクの関心はルクセンブルクから逸《そ》れてしまっていた。彼は療養先にて北ドイツ連邦の構想を練っており、翌一八六七年二月の憲法審議議会に向けて準備を進めていたからである。彼は先述の「併合法」を後押しした議会や世論との協調の下でプロイセン主導の北ドイツ連邦を成立させようとしていた。そのため、たとえ彼にとって副次的な価値しかなかったとしても、ドイツとの結びつきの深いルクセンブルクがフランスの手に渡ることが露見すれば、領土併合に沸く世論の反発を招き、ドイツ問題におけるプロイセンの面目は潰《つぶ》れ、北ドイツ連邦創建すら頓挫するおそれがあった。それ故に彼は、ドイツ問題が一段落つくまで時間を稼ぎたかったのである。

擦れ違いと疑念

このように両者の間にルクセンブルク問題に対する温度差が生じると、二人が衝突するのはもはや時間の問題であった。

一八六六年十二月初めにビスマルクが公務に復帰すると、すぐさまベネデッティは彼の許《もと》を訪れ、普仏条約案を早急に実現すべく迫った。[*42] その執拗さは、あのビスマルクに「ベネデッティ氏に会うのはキツい」と言わせるほどであった。[*43] これに対してビスマルクは、自らの健康状態を引合いに出して交渉遷延を図ろうとする。こうした攻防が続くなかで、ビスマルクの気持ちに大きな変化が生じてくる。当初はベネデッティ個人に向けられていた不快感と苛立ちが、次第にフランス全体に対する疑念・不信感へと発展していったのである。フランス側の本心は普仏協調などではなく、プロイセンを騙してルクセンブルク問題を通じてドイツの国民感情を傷つけ、「ドイツとヨーロッパの眼前でわが国の面目を失わせ、場合によっては孤立させようとする」点にあるのではないかとまで疑うようになった。[*44]

その理由は次の二点にまとめられよう。一点目は、ルクセンブルク問題をめぐる双方の主張がここへきて大きく擦《す》れ違い、対立したからである。恐らくは業を煮やしたフランス側が、ビスマルクに対する疑念からか、あるいは何らかの保証を得たかったからか、ルクセンブルク譲渡交渉のイニシアティヴをプロイセンが取るよう執拗に求めてきた。[*45] それどころか、ルクセンブルクをフランスに譲渡するに際して、オランダへの領土補償としてプロイセンは北海沿岸の東フリースラントを提供すべきであるとも提案してきたのである。[*46] これらのフランス側の要求は、北ドイツ連邦創設のために世論に配慮するビスマルクの思い描く手法とは大きく異なるものであった。彼は、フランスの方こそルクセンブルク獲得に向けて何も動いてはいないではないかと非難し、ルクセンブルクの代償は領土ではなく金銭にすべきであると逆提案している。

二点目は、ナポレオン三世がローマの教皇領に駐留させているフランス軍の撤退に際して、イタリア王国に対する教皇領の安全を確保すべくプロイセンと連携しようとしていたにもかかわらず、ベネデッティが依然としてルクセンブルク問題に固執して執拗にビスマルクに迫ってきたからである。[*47] これでは、フランスの真意が一体どちらにあるのか判然としないため、ビスマルクが不信感を抱くのも無理はない。そこへきて今度は一八六七年二月から三月にかけて、ベネデッティが普墺戦争の講和条約であるプラハ条約第五条を引合いに出して、ビスマルクに圧力をかけてきたのである。[*48] この条項は、プロイセンがデンマーク戦争と普墺戦争を経て獲得したシュレースヴィヒの北部に関しては、デンマーク系住民が多数居住する理由から住民投票によってその帰属先を決めることを定めたものであり、ベネデッティはこのタイミングでこの条項をいつ、どのように施行するのかと問い合わせてきたのである。これに対してビスマルクは北ドイツ連邦憲法審議議会に諮る必要があると回答するが、[*49] 先述のように領土併合とナショナリズムで大きく高揚する世論がそれを容認するはずがなかった。しかもこのとき憲法審議議会では憲法草案をめぐって攻防が繰り広げられており、彼は世論の反発を招くことだけは避けたい状況下にあった。

このような経緯でルクセンブルク交渉は行詰りを見せ、ビスマルクはその置かれている状況の故に、フランスに対する反感を募らせていった。だが、それは裏を返せば、先行研究から受ける印象とは対照的に、内政外交ともにビスマルクがこのとき苦境に追い込まれ、余裕がなかったことを物語っていよう。

問題解決の兆し

行詰りを見せていたルクセンブルク問題が動き出したのは、一八六七年三月に入ってからであった。ここへきてようやくフランス側が重い腰を上げたのである。ドゥルワン・ド・リュイスの後任として六六年九月に外相となっていたムスティエは、ルクセンブルク問題に関するビスマルクとの認識のズレを解消しようと努める一方、[50] 駐蘭フランス公使ボダンに対して、行詰っている交渉を打開すべく、オランダ王に直接働きかけるよう打電したのである。[51]

この頃になると、ルクセンブルクをめぐって様々な噂が飛び交うようになる。[52] これに対してビスマルクは、プロイセンがフランスへのルクセンブルク譲渡（もしくは売却）に関与しているという類《たぐい》の噂を否定する以外は、期待を込めてフランス側の動きを静観し、決して妨げようとはしなかった。[53] こうした彼の姿勢は、例えば三月十八日の北ドイツ連邦憲法審議議会での答弁に見て取れる。ポーランドや北部シュレースヴィヒと併せてルクセンブルクが北ドイツ連邦の領域に含まれるかとの質疑に対して、彼は強引にルクセンブルクを連邦に加盟させる気はないとして、それ以外は何も答えていない。[*54]

その一方、ハーグで奮闘するボダンは三月十九日にウィレム三世に謁見し、プロイセンが横槍を入れてくるのではないかという彼の懸念を払拭することに成功した。かくして交渉はようやくまとまりかけたのである。[*55]

南ドイツ諸邦との同盟公表の衝撃

ところが、ここへきて事態は思わぬ方向へ進んでしまう。三月十九日の『プロイセン官報』上でプロイセンが一八六六年八月に南ドイツのバーデン大公国並びにバイエルン王国と締結した攻守同盟条約が公表され、しかも二十三日にはヴュルテンベルク王国との間にも同様の条約を結んでいたことが同紙上に公表されたのである。[*56] プロイセン側はあくまでもその防衛的な性格を強調するのだが、[*57] これらが単なる軍事同盟ではなく、北ドイツ連邦を主導するプロイセンと南ドイツ諸邦が同盟を結んだことで近い将来のドイツ統一を予感させるものであっただけに、その反響は一層大きなものとなった。統一を求めるナショナリズムの高揚はここに頂点に達した。

だが、その一方で統一を望まない勢力や近隣諸国には衝撃が走った。しかもこの報道が、ハーグでのルクセンブルク交渉がちょうどまとまりかけた瞬間になされたこともあって、当事者たちはその矛先が自分たちに向けられているのではないかと大きく動揺してしまう。その一人がオランダ王ウィレム三世であった。三月二十五日、彼は交渉に「待った」をかけ、プロイセン王の同意なしにルクセンブルクを売却することはしないと表明、その旨を正式にプロイセンに打診してきたのである。[58]フランス側の目には、本来協力者であるはずのプロイセンによる妨害行為と映り、プロイセンに対する反感と怒りが沸騰、三月末にナポレオン三世は周囲から開戦を強く迫られた。[59]

一見するとこの攻守同盟条約の公表は、オランダ王が感じ取ったように、ビスマルクが仏蘭間のルクセンブルク交渉を牽制するために採られたものと見えてしまう。だが、それは結果論であって、彼の目的がそこにあったとは考えられない。実は、三月十日の時点で彼は同盟条約の公表を先述した南ドイツ三邦政府に打診するのだが、[60]彼によれば、もはやこの同盟の存在はパリやダルムシュタット（ヘッセン大公国）において感知されているようであるため、この条約を秘密にしておくよりは公表したほうが、憲法制定のみならず南ドイツ諸邦の北ドイツ連邦への合流を後押しするものになると判断したのである。[61]しかもこれは、反プロイセン的傾向の強いバイエルン王国にあって、（オーストリアを排除して）プロイセン中心のドイツ統一に賛同する首相ホーエンローエの立場を擁護することにもつながると彼は説明している。[62]このとき北ドイツ連邦憲法審議議会では、責任内閣制導入を求める議会側とそれを回避したいビスマルクの間で攻防が繰り広げられていた。まさに彼は、ナショナリズムに訴えることでこうした事態を打開し、さらには南ドイツ諸邦における統一支持勢力を擁護するために、同盟条約を公表したのだと考えてよいだあった。

だが、その影響は彼の想定をはるかに超え、先述のようなオランダ王の反応を誘発してしまったのである。プロイセンの関与を表沙汰にしたくないビスマルクにとって、これは思わぬ誤算であった。

しかも間の悪いことに、フランスがルクセンブルクを併合する旨のプレス報道が三月二十四日にルクセンブルクで行われていた。[*64] 交渉成立直前とはいえ、事が実現していない段階での併合宣言は、ビスマルクからすれば何とも「まずい」一手であった。[*65] しかもその翌日には、先述のようにオランダ王がルクセンブルク売却へのプロイセンの関与を求めてきたとあって、世論のルクセンブルクに対する関心は否応なく高まり、この動きに反発する世論の圧力を受ける形でプロイセンの姿勢が公然と問われる状況へと至ったのである。さらにルクセンブルクからは、フランス側によってルクセンブルクのフランスへの併合と併せて反プロイセン暴動を呼びかける旨のポスターが用意されているという知らせまで舞い込んできた。[*66]

ドイツ問題を重視して議会や世論との協調を優先させればフランスと戦争になり、かといって対仏協調を優先させれば目下進めているドイツ統一事業が頓挫し、プロイセンの面目が潰れる危険があった。こうしてビスマルクは窮地に立たされてしまう。

四　ルクセンブルク危機

破綻

これに対するビスマルクの対応は慌ただしさを極めた。一八六七年三月三十日に彼が発した訓令は電報も含めて多岐にわたる。パリに向けては、フランス側の「まずい」手法を責めるとともに、プロイセンが世論の圧力を受けて窮地に立たされていることを伝え、このままでは成功は覚束無いとして冷静な対応を呼びかけた。[*67] そしてハーグに向けては、プロイセンに責任転嫁しようとしているオランダ王の要求には応じられないこと、プロイセン王ヴィルヘルム一世は（ルクセンブルクの領土を確定した）一八三九年の条約締結国の反応がわかるまで回答を留保することを伝えた。[*68] これと併せて彼はロンドンとペテルブルクに向けて、このままルクセンブルクが売却されると、激高したドイツ世論の故に戦争になりかねないため、英露両国がオランダに抗議するよう働きかけてほしいと依頼したのである。[*69]

このような状況下で、さらに事態を緊迫させることが起こった。仏蘭間でのルクセンブルク売却交渉の噂に関して北ドイツ連邦憲法審議議会に政府への質問状が出され、四月一日に国民自由党の指導者ベニヒセンが質問に立ったのである。

旧《ふる》きドイツの地を祖国から切り離そうとするあらゆる試みを排撃することを力強く支持する点ですべての党派が結束している本議会に対して、プロイセン政府は連邦諸政府と共に、ルクセンブルク大公国と他のドイツとの結びつき、特にルクセンブルク要塞におけるプロイセンの駐留権を、どのような危険があっても確保し続ける決意を伝えることができるかどうか。*70

このように質問したベニヒセンは「ドイツにおいて、外国において、そしてとりわけルクセンブルクにおいても、この拠点を、このドイツの一部を防衛するつもりであることにいかなる疑いも生じえないようにする義務が我々に、国民の代表であるこの本議会に、そして連邦政府にはあるのです」と論じたのである。*71 この演説は熱狂をもって受け入れられ、ドイツ・ナショナリズムは領土に絡む反仏感情と相俟って一気に好戦的性格を帯びて高揚した。これに対するビスマルクの答弁は、ルクセンブルクが北ドイツ連邦に加盟していないことを強調するに留まり、フランスを刺激しないような、何とも回避的なものとなった。

このベニヒセン演説は、先行研究で既に指摘されているように、実はビスマルクが事前に仕組んだものであった。では、このときの彼のねらいは一体何か。ドイツの歴史家L・ガルはこの点について、ルクセンブルク売却を通じてドイツにおけるプロイセンの面目を失墜させるか、あるいはフランスの信用を完全に失うか、そのジレンマから抜け出すための方策であったと評価する。[72] すなわち、これまで彼が両立させようとしてきた国内政治的要素（ドイツ問題での議会や世論との協調）と国際政治的要素（対仏協調）が、高揚するナショナリズムを前に嚙み合わなくなり、この演説を機にどちらかを選択しようとしたということになる。

著者もこの見解に異存はないが、一点だけ補足したい。それは、ジレンマに陥りつつも彼はこの演説そのものを交渉材料にして、フランスから何らかの譲歩を引き出し、対仏協調路線を維持しようと努めていたという点である。彼は事前に議会でこの件に関する質問が出されることをフランス側に伝え、[73] 激高する世論を宥《なだ》めるべくハーグでの売却交渉引延しと北部シュレースヴィヒ問題でのフランスの譲歩を求めて、ベニヒセン演説の直前まで模索していたからである。[74] ここから、最後まで二つの路線を両立させようと苦心するビスマルクの姿が垣間見えよう。土壇場でフランスが譲歩した場合に融通を利かせるべく、自らに協力的なベニヒセンを弁士に選んだと考えられないだろうか。

しかし、このベニヒセン演説の影響はビスマルクの想像を絶するものであり、ドイツ・ナショナリズムを大きく高揚させ、普仏双方においてそれぞれに対する反感を一気に増幅させ、戦争危機を招くに至ったのである。

四月二日、事ここに至ってビスマルクは「今やルクセンブルクを放棄することはできない」[76] と宣言し、[75] その翌日午前にはルクセンブルク売却を思い止まらせるようハーグに指示を送った。[76] その結果、オランダ王はルクセンブルク売却を断念、[77] ここにルクセンブルク問題をめぐる普仏間の交渉は完全に破綻した。

かくして、ルクセンブルク問題はドイツ全土を巻き込む形で普仏間の戦争危機へと発展していった。[*78]

ちなみに、この危機は当時ビスマルクが推し進めていた北ドイツ連邦成立にとっては強力な追風となった。四月一日のベニヒセン演説では、次の点も強調されていた。

危機の効用――北ドイツ連邦成立

数週間のうちに憲法制定を完了することが難しい場合、我々の案件への外国の介入の危険や、ドイツの国境の一部を失うという危険が高まるでしょう。今や、政府と国民の代表が合意する必要性が高まっているのです。[*79]

ここから見て取れるように、北ドイツ連邦憲法審議議会はフランスとの戦争危機に備えて一致団結することを優先した。その結果、このとき争点となっていた軍事予算に対する議会権限において、議会側はビスマルクに譲歩することになった。こうして、連邦制的性格をとりつつ、議会主義の要素が制限された北ドイツ連邦憲法が四月十六日――ベニヒセン演説からわずか十五日後に――採択されたのである。まさに、ビスマルクは北ドイツ連邦を成立させるために、フランスとの戦争危機を利用した形になろう。しかも、このとき彼は、ナショナリズムに沸く世論の後押しを受けて、北ドイツにおけるプロイセンの覇権確立という当初の方針に加え、南ドイツ諸邦も編入して一気にドイツ統一を図ったのである。ドイツの歴史家E・アイクの表現を借りれば、この瞬間ビスマルクは「プロイセンの政治家」から「ドイツの政治家」への転換を果たしたことになるだろう。[*80]

ビスマルクの誤算

しかしながら、ビスマルクは危機そのものを思うようにコントロールすることができなかった。フランスが軍備を増強する動きを見せると、[*81]彼は態度を硬化させ、フランスの領土的野心に基づく戦争意図を前面に押し出して、他の列強を味方につけようとした。とりわけイギリスに対しては、ベルギーが高い可能性でフランスの引き起こす戦争に巻き込まれることを強調してプロイセン側に引き込もうとしたのである。[*82]

だが、各国からベルリンにもたらされた報告は決して思わしいものではなかった。伝統的な不干渉主義を奉じるイギリス外相スタンリ（後の第十五代ダービ伯）はおろか、当てにしていたロシア宰相ゴルチャコフもビスマルクの話には乗ってこず、平和的に問題の解決を図るべきだと表明してきたのである。[*83]

このタイミングで彼は、当時ベルリンを訪れていた、オーストリアと友好関係にあるバイエルン王国の特使タウフキルヘンを介して普墺同盟を呼びかけた。そのねらいをめぐっては諸説あるが、フランスに対抗するにせよ、南ドイツ諸邦の協力を取り付けるにせよ、この状況下ではオーストリアを味方につけることは重要であった。だが、オーストリア側が拒絶したためにこの試みは失敗してしまう。[*84]

さらにビスマルクを驚愕させたのは、攻守同盟を結んでいるはずの南ドイツ諸邦、特にバイエルンとヴュルテンベルクの反応であった。彼の計算では、ルクセンブルク問題はもはやプロイセンの国益に限った話ではなく、ドイツの国民感情やその威厳と結びついており、かの地を守ることが求められれば、攻守同盟条約の「条約該当事由」(casus foederis) に当てはまるというものであった。[*85] 彼はこの危機を利用して、高揚するナショナリズムを背景に、まずは軍事問題を通じて、プロイセンと南ドイツ諸邦との一体性を築こうとした。だが、両者の反応は、プロイセンとの条約やドイツの名誉を守ることを重視するとしつつも、フランスとの戦争には消極的で平和維持を希望しており、ビスマルクの要求に対して留保する姿勢を示したのである。[*86] こうした情報がすべて出揃ったとき、すなわち四月二十六日にビスマルクは、ルクセンブルク問題を解決するための国際会議に参加する旨、正式に表明したのであった。[*87]

こうして、ルクセンブルク問題をめぐる国際会議は五月七日にロンドンで開催された。その結果、ルクセンブルクは非武装・永世中立化され、プロイセン軍の撤退と要塞明け渡しが定められた。こうして危機は終息した。ここに危機を利用して一気にドイツを統一する目論見は破れ、ビスマルクはドイツ統一が実現する前に「西」に対して対立路線を強いられることになったのである。

フランスとの協調という選択肢が消え、フランスとの対決を覚悟したビスマルクの目の前に現れたのが、イギリスでもロシアでもなく、大西洋を挟んだ向こう側にある、内戦を終えたばかりのもう一つの大国であった。

第二章
米国への打診

ルクセンブルク危機に際して、英露両大国はおろか攻守同盟を結んでいたはずの南ドイツ諸邦の支援も期待できないとわかると、ビスマルクはそれまでの姿勢を転じて国際会議によってルクセンブルク問題を解決する提案を受諾した。だがその一方で、彼はこのときフランスに対抗すべくある国への接触を試みた。アメリカ合衆国である。

ビスマルクはこのとき米国に何を打診したのだろうか。普米同盟の打診かと当時囁《ささや》かれていたが、実際には①米国での軍艦調達の可能性、②パリ宣言改訂に向けた普米連携、これらを探るための打診が一八六七年四月から七月にかけてほぼ同時に行われていたのである。彼のねらいは一体何か。そもそも、何故このときの打診相手が米国だったのか。

本章では、この時期のビスマルクの二つの対米打診の全貌を明らかにしながら、これらの問題を解明していきたい。

一　パリ宣言とは？

本題に入る前に、ビスマルクの対米打診の前提となるパリ宣言とはどのようなものか、具体的に見ておきたい。

ここで話は一八五六年四月に遡る。このときパリでは、クリミア戦争の講和会議が開かれていた。そして、パリ講和条約が締結された約二週間後の一八五六年四月十六日、同条約を締結した七カ国（イギリス、フランス、ロシア、オーストリア、プロイセン、サルデーニャ、オスマン帝国）によって、これまで懸案とされてきた海上捕獲――戦時に交戦国が海上で私有財産（船舶やその貨物）を拿捕・没収する行為――の問題と中立通商保護に関するルールが定められたのである。これがパリ宣言であり、海上捕獲に関する初の一般条約であり国際法と呼べるものであった。ちなみにパリ宣言に加盟する国は次第に増えていき、日本も一八八七（明治二十）年三月十九日に加盟することになる。

それは、次の四項目から成っている。

第一　私船ヲ拿捕ノ用ニ供スルハ、自今之ヲ廃止スル事。
第二　局外中立国ノ旗章ヲ掲グル船舶ニ搭載セル敵国ノ貨物ハ、戦時禁制品ヲ除クノ外之ヲ拿獲スベカラザル事。
第三　敬国《ママ》［敵国］ノ旗章ヲ掲グル船舶ニ搭載セル局外中立国ノ貨物ハ、戦時禁制品ヲ除クノ外之ヲ拿獲スベカラザル事。
第四　港口ノ封鎖ヲ有効ナラシムルニハ実力ヲ用イザルベカラズ。即チ敵国ノ海岸ニ接到スルヲ実際防止スルニ足ルベキ充分ノ兵備ヲ要スル事。[*1]

この内容について、ここではわが国のイギリス海事史家である薩摩真介の解説に基づきながら見ていきたい。

第一条は、いわゆる「私掠《しりゃく》行為」の廃止を謳ったものである。ここでいう「私掠」（course; privateering）とは、海軍など公的機関に属さない私人の船が、戦時に公的権力の認可を得て、敵国（ときには中立国）の船舶に対して行う掠奪のことである。私掠行為は十六―十八世紀にはイングランドをはじめヨーロッパの海洋国家によって頻繁に行われていた。

第二条は、「戦時禁制品」を除く「自由船自由貨」の原則を認めたものである。ここでいう

「戦時禁制品」とは、武器や弾薬といった敵国の戦争遂行を助けるような物資を指しており、中立国の船舶上にある積荷は、たとえそれが敵国のものであったとしても、戦時禁制品以外のものであれば拿捕の対象にはならないというものであった。そしてこの原則は、敵国の船舶上にある中立国の積荷に対しても、戦時禁制品以外のものであれば同様に拿捕の対象にはならないことが第三条で認められている。

但し、戦時禁制品をめぐっては、場合によっては船舶の補修に必要とされる麻や材木などの海事物資や、ときには一般的な食料品すら含まれることもあり、本書が考察対象とする十九世紀半ばの時点ではその範囲をめぐって各国間で合意に至っておらず、しばしば外交問題に発展することがあった。

第四条は、戦時における海上封鎖について定めたものである。ここでいう「封鎖」(blocus; blockade)とは、交戦国が敵国の通商を妨害するために、軍艦や私掠船を用いて敵国の沿岸や港を監視し、中立国のそれを含めた船舶の出入港を禁じる措置を指している。そして、それを破ろうとする船はすべて拿捕の対象とされた。しかしながら、時としてこの「封鎖」が宣言だけに留まり、「実力」を伴わない名目的なもの——敵国の沿岸や港への接近を防ぐための軍艦や私掠船を配備せず、巡航もしていない事例——が見受けられたことがこれまで問題となっていた。したがって、この第四条において、戦時に海上封鎖をする際には「十分な兵備」を伴った実効的なものでなくてはならないとされたのである。*2

そもそも、何故このような国際法がこのとき定められたのであろうか。十六世紀以来、ヨーロッパの海洋諸国は敵国に経済的打撃を与え、さらには経済的利益もねらって、戦時に敵国の商船もしくは敵国と交易する第三国の商船を妨害する通商破壊戦を展開した。敵国の船舶を攻撃してその積荷を拿捕する許可を民間船に与えた私掠活動や、海軍による拿捕活動を活発に行ったのである。いわゆる「長い十八世紀」(一六八八―一八一五年)と呼ばれる時期、それを最大限に活用していたのが、インドや北米大陸を含むグローバルな規模で覇権を争っていたイギリスとフランスであった。

しかしながら、こうした私掠船や軍艦による海上での掠奪行為に対して、中立国は不満を募らせていた。戦時には通常の貿易が困難になるため、交戦国にとっては中立国との貿易は一層大きな意味をもち、中立国にとっては大きなビジネスチャンスとなっていたからである。そのため、彼らは公海上の航行の自由と貿易活動の自由を声高に訴えるようになった。こうした動きはアメリカ独立戦争(一七七五―八三年)中の一七八〇年や、いわゆるナポレオン戦争の最中の一八〇〇年に、ロシアが中心となって結成された武装中立同盟を生み出す結果につながった。

戦時における中立国の通商保護をめぐる欧米各国間の対立は、十九世紀に入るとさらに激しさを増していった。私掠船や軍艦による海上の掠奪行為を積極的に行ってきたイギリスでも、自由貿易思想が興隆すると、そのような行為に対する批判の声が次第に上がるようになった。

このような経緯から、クリミア戦争時の英仏間の合意を機に、パリで開かれた講和会議の席でパリ宣言が定められたのであった。
では、このパリ宣言がルクセンブルク危機時になされたビスマルクの対米打診とどのように関連してくるのであろうか。

二　ビスマルクの対米打診①——米国での軍艦調達をめぐって

ゲーロルトへの指示

一八六七年四月二十六日、ビスマルクは各国駐在大使／公使宛にルクセンブルク問題を解決するための国際会議案を受諾する旨連絡すると同時に（50頁参照）、駐米プロイセン公使ゲーロルトに宛てて、ある一通の訓令（第四号訓令）を送った。*3

このなかでビスマルクは、フランスでは様々な輩が「メキシコで失墜した権威を回復するため、あるいはプロテスタントの王朝［プロイセン］によってドイツが統合されることを防ぐため」、さらには国内の問題を解決するために戦争を欲していること、そしてフランスがルクセンブルク危機の最中に米国で「後装銃」（弾薬を銃身の後方から装填する銃）を買い付けようとしているという情報に接し、それが「デモンストレーションであると見てはならない」と警鐘を鳴らした。こうした文面から、彼はフランスとの戦争を覚悟するかのようであった。

だが、いざフランスと戦争になった場合、プロイセン、あるいはこのとき成立したばかりの北ドイツ連邦に勝算はあるのか。ビスマルクの不安は(陸軍ではなく)海軍の方にあった。「わが方の海軍は、洋上でフランスの艦隊に太刀打ちできないだろう」と率直に認めている。しかもプロイセンは「一八五六年四月十六日のパリ宣言加盟国として敵国商船拿捕特許状(Kaperbriefe)を発行することができない」ため、不足する海軍力を補うべくフランス船に対して私掠活動を行うというわけにはいかなかった。

そこで、ビスマルクは米国に注目した。「このような状況下ではアメリカ合衆国に、その巨大な海軍力に、そしてその意欲的な住民に注目し、わが国がそこからどのような支援を調達できるのか調査するのは当然のこと」であるとして米国に期待をかけたのである。しかしながら、彼がこのとき欲していたのは米国との同盟ではなく、フランスとの戦争に備えて米国にて武装船舶を購入することにあった。これに対する彼の注文は具体的であった。「補助エンジンとして蒸気エンジンを装備する足の速いものがよく、さらに数は少なくてもいいが重砲を装備」したものがよいと言う。そして、士官や乗員も現地で調達し、プロイセン将校として任命する。こうしてプロイセンの軍艦として米国で調達した船舶は「わが国の商船を護衛し、フランス商船の行く手を阻み、さらにはフランスの沿岸と植民地を脅かす」ことになろうと言うのである。

ちなみにこれは、南北戦争期にアメリカ南部連合がイギリスで〈アラバマ〉という武装船舶を調達し、北部連邦側の船舶を拿捕するなどして多大な損害を与えたやり方に通じるものであった。

果たしてこの構想は実現できるのか。ビスマルクはゲーロルトに対して米国の然るべき人物にこの件を打診する権限を与え、機会があればプレスを活用してもよいと指示を出したのである。これが第四号訓令の中身であった。

各国への示唆

ビスマルクがこのとき米国を当てにしようとしていたことを、ベルリンに駐在する各国の外交官たちは気づいていたようである。というのも、他ならぬビスマルク自身が彼らにそれを仄《ほの》めかしていたからである。

ベルリン駐在オーストリア公使ヴィンプフェンは四月二十六日、ルクセンブルク問題に関するビスマルクとの会談のなかで、フランスと戦争になった場合にはフランス海軍に対抗する「思わぬ援助への期待」をビスマルクが抱いていると本国に報告している。そしてヴィンプフェンは、プロイセンが直接もしくはロシアの仲介で、戦争になった場合の米国からの支援について交渉しているという噂に言及し、ビスマルクの言う「思わぬ援助」の相手が米国であろうと推測するのであった。*4

ベルリン駐在イギリス大使ロフタスも似たような情報を摑《つか》んでいた。四月二十七日、彼はビスマルクから、米国がかつてプロイセンに艦隊の支援を申し出たことがあったと聞かされたこともあって、米国が洋上で支援するのではないかと報告している。[*5] さらにロフタスが私的ルートで摑んだ情報によると、ビスマルクがフランスとの戦争に備えてプロイセンの沿岸と商船を守るためにベルリンで米国の要人と交渉、戦時に米国で艦隊を調達してそれをプロイセン艦隊に配属させようとしているというのである。その内容をめぐっては、米国から装甲艦（iron-clads）を購入するのか、それとも借り受けるのか不明だが、この交渉は失敗してその後立ち消えになったとしている。[*6]

このとき、ビスマルクがベルリンで米国の要人と接触して軍艦購入を打診したかについては、独米双方の史料で裏付けがとれず定かではない。だが、少なくとも彼がワシントンでこの話を推し進めようとしていたことは、先に見た通りである。

打診の背景（1）——プロイセン海軍の状況

このときの対米打診の背景には、先述のように「わが方の海軍は、洋上でフランスの艦隊に太刀打ちできないだろう」というビスマルクの認識がある。果たして、この認識はどの程度当たっているのだろうか。

このあと第三章以下で見ていくように、一八七〇年七月に独仏戦争が勃発すると、九月のセダン（スダン）の戦いでナポレオン三世を捕虜にし、約半年に及ぶ攻囲戦の末七一年一月末にはパリを陥落させ、フランスに停戦を余儀なくさせている。このように独仏戦争は終始ドイツ側が戦局を優位に進めていたのだが、それらはいずれも陸戦であり、海戦が重要な役割を果たす瞬間は終に訪れなかった。

だが、それは結果論でしかない。当時フランスはイギリスのロイヤル・ネイヴィーには劣るものの、ヨーロッパ第二の海軍大国であった。これに対してプロイセンは、バルト海や北海の港湾や沿岸の防衛、さらには商船保護を主眼とする程度の海軍力しか有していなかった。十九世紀半ばにドイツ商船が（日本を含め）極東にも精力的に進出するなどグローバルな規模で展開するようになると（144頁以下参照）、遠洋も含めた商船保護にも対応すべく一八六七年十月に建艦計画が定められたのだが、独仏戦争が勃発した時点ではフランスに到底対抗できるような状況にはなかった。[*7]

しかも、この時期のドイツの造船技術は、確かにドイツの工業技術は発展していたもののイギリスやフランスと肩を並べるには至っておらず、船舶建造はイギリス（やフランス）の造船所に頼るところが大きい有様であった。[*8] ちなみに、ドイツが自前で軍艦を建造し、他国にも売り出せるようになるのは十九―二十世紀転換期になってからである。[*9]

では、普仏両国の戦力差はどの程度のものだったのだろうか。プロイセン参謀本部戦史課がまとめた『独仏戦史』によると、独仏戦争時のフランス海軍の軍艦数は帆船を除いても装甲艦四十九隻（装甲フリゲート艦十八、装甲コルベット艦九、装甲海防艇七、装甲砲艦十五）、非装甲蒸気艦百十隻（スクリュー式フリゲート艦二十四、コルベット艦十九、スクリュー式通報艦五十一、外輪式フリゲート艦十、外輪式コルベット艦六）、蒸気輸送艦百十六隻、合計二百七十五隻に対して、北ドイツ連邦海軍のそれは装甲艦五隻（装甲フリゲート艦三、装甲艇二）、掩蓋《えんがい》付コルベット艦五隻、無掩蓋コルベット艦四隻、戦列艦一隻、通報艦二隻、帆走フリゲート艦三隻、帆走ブリッグ艦四隻、王室蒸気船一隻、一等砲艦八隻、二等砲艦十四隻、合計四十七隻であった。フランス側には帆船が含まれていないので一概に比較はできないが、装甲艦の艦数比ではおよそ八対一ということになる。*10

ビスマルクが「わが方の海軍は、洋上でフランスの艦隊に太刀打ちできないだろう」と思って心配になるのも無理からぬ話であった。

打診の背景(2)——英仏への不信感

このときのビスマルクの対米打診の背景には、英仏に対する不信感の増大も挙げることができよう。

先述したように、国際会議による調停案を彼が受諾したことで、一八六七年五月七日にロンドン会議が開かれることになり、ルクセンブルク危機は終息の方向に向かって動き出した。だが、果たしてそこで事態を収拾することができるのだろうか。先に見たフランスの軍備増強の動きと併せて、フランスと（普墺戦争で敗れたばかりの）オーストリアとの間で同盟が結ばれるのではないかとの知らせもあって[*11]、見通しは不透明であった。

こうしたビスマルクのフランスへの不信感と対仏戦争に対する危機感は、ロンドン会議の前夜に頂点に達した。五月五日、彼は駐仏プロイセン大使ゴルツに対して、フランスが軍備を整え続けているのは戦争を企図している以外に説明がつかないと断じた上で、このままでは戦争になると警告を発している[*12]。その二日後の五月七日には、今度はベルリン駐在イギリス大使ロフタスに対して、フランスの動きは戦争を意図するものであり、ロンドン会議が失敗した場合にはすぐに攻撃を仕掛けてくるのではないかと率直に伝えている。さらに彼は、当初は戦争準備に否定的であったプロイセン参謀総長モルトケもここへきて軍事的な予防措置を取るべきであると態度を一変させたことに言及し、もし三日以内に平和の見通しが立たなければプロイセン軍全軍の動員がなされるであろうと発言したのである[*13]。

フランスとの戦争が現実味を帯びていくなかで、ビスマルクはフランスに到底太刀打ちできないプロイセンの海軍力に鑑み、イギリスのような海軍大国の支持や協力を是が非でも必要としていた。ところが、当時イギリスは第十四代ダービ伯率いる保守党政権であり、彼の息子で外相のスタンリと共にヨーロッパ問題には可能な限り干渉しない方針を採っていた。ルクセンブルク危機を収拾すべくロンドン会議が開かれることになったものの、これは彼らが積極的にそうしようと欲した結果ではなく、内外の圧力を受ける形でダービ親子が重い腰をあげざるをえなかったためである。[*14]

右記のようなダービ親子の消極的な姿勢を前に、ビスマルクがフランスに対抗するためにイギリスの支援や支持を獲得できる見込みは皆無に等しかった。こうしたイギリスに対する不信感もあって、業を煮やしたビスマルクは「巨大な海軍力」と「意欲的な住民」を有する米国に協力を求めようとしたと言えよう。

ドイツの軍事史家W・ペッターによれば、ビスマルクは米国での軍艦購入の話が実現するとは真剣に考えていなかったものの、このときの対米打診それ自体がフランスに対する抑止効果になると見込んでいたという。[*15] ビスマルクがこのときどの程度真剣に米国で軍艦を調達しようとしていたかについては後ほど考察するが、「フランスに対する抑止効果」という意味合いがあったことは確かであろう。南北戦争期に遡るが、ナポレオン三世がメキシコ帝国を創設し、さらには南北戦争に介入しようとしていたことは、米国が掲げるモンロー主義への挑戦であり、アメリカ大統領リンカーンや国務長官シュワードを苛立たせるのに十分なものであった。[*16] その点を踏まえると、このときのビスマルクの対米打診はフランスを牽制する効果を持ちえたと言えよう。だが、付け加えるならば、当時イギリスと米国が、先述した南北戦争時の〈アラバマ〉をめぐって外交面で衝突していたことを考えると、プロイセンに協力しようとしないイギリスに対する当て付けというか、牽制の意味合いも有していたのではなかろうか。

米国での反応

米国での軍艦調達の可能性を探るよう指示したビスマルクの四月二十六日付訓令が駐米プロイセン公使ゲーロルトの許に届いたのは、ロンドン会議が閉幕してから二日後の五月十三日のことであった。ゲーロルトはその翌日に受領確認の報告をした後、早速精力的に動き出した。ちなみに彼は、大抵の米国の政治家は海軍大国を巻き込んだヨーロッパでの戦争に否定的ではないこと、アメリカ社会におけるドイツ系移民の存在感の故に、フランスと戦争になった場合に米国はプロイセン・ドイツに友好的な姿勢を示すであろうということを述べており、軍艦購入に自信を窺わせていた。[*17]

五月二十八日、ゲーロルトは軍艦購入の可能性に関する調査報告を行う前に、フランスが米国にて装甲砲台艦〈ダンダーバーグ〉(Dunderburg)とモニター艦〈オノンダガ〉(Onondaga)の二隻を購入したことを報告した。[*18] それによれば、フランスはこれらを三百三十五万ドルで購入したこと、これらはいずれも洋上での積極的な任務には向いていないこと、そのうちの一隻はプロイセン政府も購入しようとしているとして所有者がその存在をちらつかせたために、高値で売りつけることに成功したというのである。[*19]

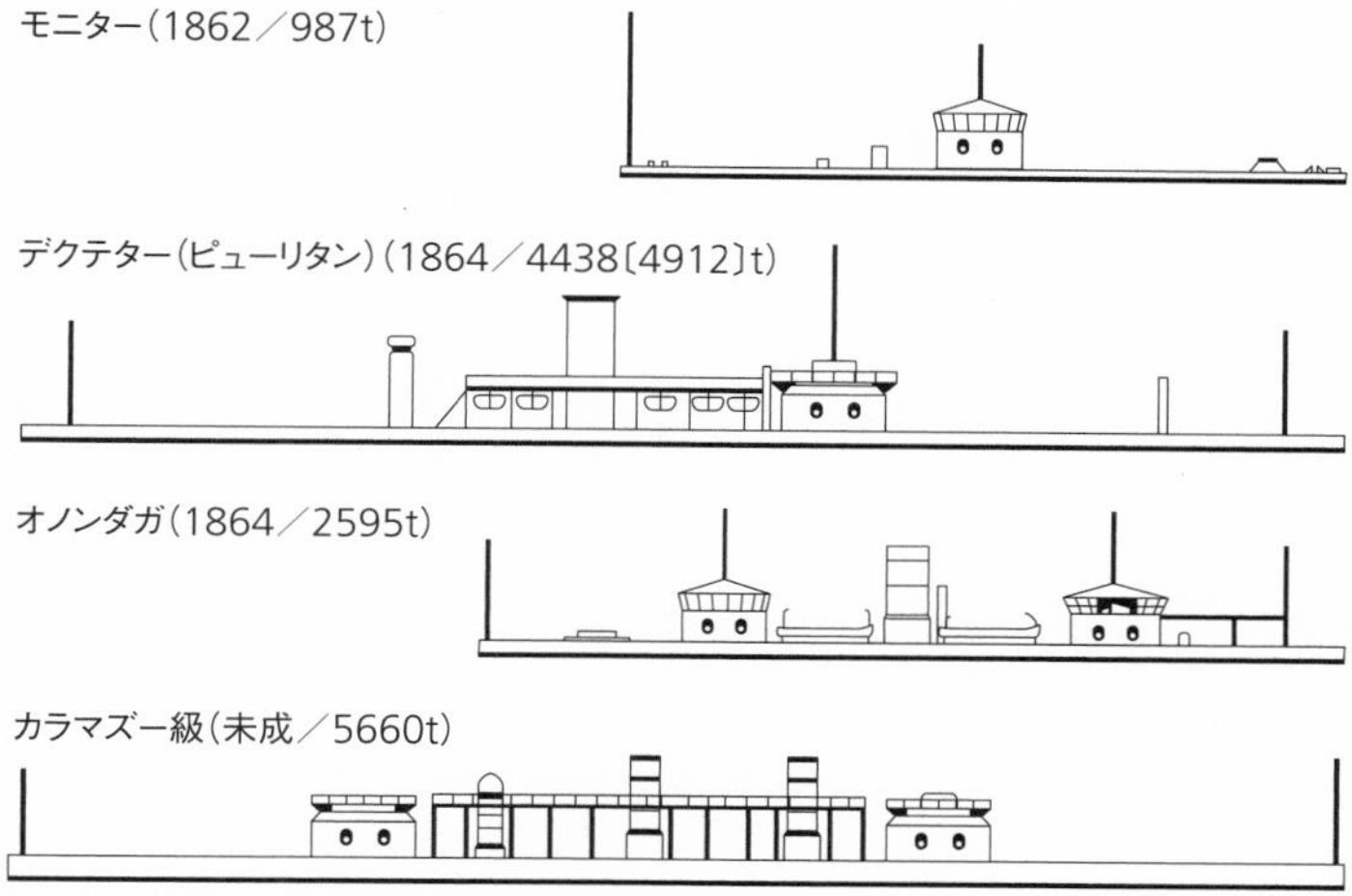

アメリカ海軍のモニター艦の系列。石橋（2000）226頁、231頁を基に作成

右記のようなフランス側の動きを踏まえてゲーロルトは六月一日、軍艦購入の可能性に関する調査報告をビスマルクに提出した。このときゲーロルトは、軍艦購入のために前アメリカ海軍次官フォックスの協力を取り付けることに成功した。一八六六年に職を退いていたフォックスは、自身の経験を基にプロイセン海軍の増強への協力を申し出ており、南北戦争の終結を受けて米国政府が売り出そうとしている最上級の装甲艦を調達すること、また必要とあればビスマルクやプロイセンの海軍当局に所見を伝えるべくベルリンへ赴くことも厭わないと述べている。ちなみに、フォックスはこのとき二隻の「モニター型装甲艦」（iron clad monitors）を提示し、その性能を詳しく紹介した上で、積極的にプロイセンに売り込もうとしたのである。[*20] こうしたフォックスの提案を受けてゲーロルトは、このような機会はそうあるものではなく、フォックスの協力を取り付けるためにも、彼の申し出を受けることをビスマルクに強く勧めたのであった。[*21]

交渉断念

ゲーロルトからの報告を受け取ったビスマルクは六月二十日、プロイセン陸相兼海相ローンに早速それを転送し、勧められた二隻の軍艦を購入するのが望ましいと伝えた。[*22]ところが、これに対してローンは七月四日、米国から軍艦を購入することをはっきりと拒絶したのである。[*23]その理由は予算不足であることに加え、プロイセン海軍の監視下で建造されていない軍艦を購入することに根本的な懸念を抱いているからであった。ローンといえばかつて自分をプロイセン首相に推挙してくれた盟友であるだけに、彼が賛同しない以上、さすがにビスマルクといえどもこの話をこれ以上進めることはできなかった。七月二十五日、彼は「克服しがたい懸念に遭遇」したために米国での軍艦調達を断念することをゲーロルトに伝えた。[*24]

かくして、この話は立ち消えになったのである。

三　ビスマルクの対米打診②――パリ宣言の改定に向けて

ビスマルクとローンのやりとり

次に、ほぼ同時期に展開されたもう一つのビスマルクの対米打診について見ていこう。ルクセンブルク問題をめぐってロンドンで国際会議が開幕した直後の一八六七年五月八日、ビスマルクはローンに宛てて一通の書簡を送った。このなかで彼は、数日以内にフランスと戦争になる危険が高いという見通しを示した上で、「現在どの軍艦が就役していて、それらはどこにあり、そして就役していない軍艦はいつ出航準備を整えられるのか」と率直に尋ねた。そして、いざフランスと戦争になった場合、プロイセン海軍はフランスの商船隊を襲わせるために軍艦を派遣するのか、それとも軍艦を全て安全なところに避難させるのかと問い合わせた。その上で彼は、プロイセン海軍が「洋上で作戦行動を意図するのであれば、この目的のために新たに軍艦を入手すべきか」と打診したのである。*25

ここから見て取れるビスマルクの考えは明確である。繰り返しになるが、このとき彼はロンドン会議が失敗に終わればフランスとの戦争になると事態を深刻視していた。そこで、プロイセン海軍がフランス海軍に実際に太刀打ちできるのか、ローンに直接確認しようとしたのである。このなかで、先に見たゲーロルトへの第四号訓令に一切言及することなく、新たに軍艦を購入してはどうかと切り出しているところから、どうやらビスマルクはローンや海軍省に何ら相談することなく米国での軍艦調達に関する指示をゲーロルトに送っていたようである。恐らくはこの書簡でもって彼は辻褄《つじつま》を合わせようとしたのであろう。

これに対してローンは、五月二十一日付で次のように回答した。*26

北ドイツ連邦海軍は今後何年かの間には、戦時において他の海軍大国が商船隊に対して行っているような保護を〔自国の〕極めて重要な商船隊に与えるだけの力を有することはないであろう。〔……〕海軍一等国と戦争になれば、こちらの海軍は現有戦力からして防衛的な態度をとるしかなく、沿岸警備隊と共に港湾や河口の防衛に参加することのみ可能であろう。

ここから、ローンもまた、プロイセン海軍が現時点でフランスに太刀打ちできる状況にはないと認識していたと見てよいだろう。ところが彼は、新たに軍艦を入手すべきかというビスマルクの話を一顧だにせず——船舶を保護するには港湾に（機雷のような）「海面下の防御手段」(submarine Vertheidigungsmittel) を講じねばならないとは回答している——、全く異なる視角から対案を示すのであった。実は、これが五月末にビスマルクが米国に対して行ったもう一つの打診の直接的なきっかけとなる。

このときローンは、ヴィルヘルム一世が普墺戦争を目前に控えた一八六六年五月十九日に発した勅令を引合いに出した。それは、戦時における民間船の取り扱いを定めたものであり、「戦時において敵国民に属する商船は、敵国によって同様の措置が取られる限り、わが国の軍艦によって拿捕・没収されることはない」というものであった。[*27] これは、交戦国や中立国の如何を問わず、戦時においては民間船とその商品を拿捕・没収の対象としてはならないという点で、パリ宣言で謳われている保護対象を大きく拡大するものであった。そしてローンはこの勅令の趣旨を「一般的な国際法として承認」してもらうことで、自国の商船を保護しようと考えたのである。つまるところ、ビスマルクの軍艦調達案に対するローンの代案は、パリ宣言の改定を国際社会に認めさせることであり、軍事史家W・ペッターが指摘するように、軍艦購入からパリ宣言の改定による自国の商船保護へと意図的に論点を逸らしたものといえよう。[*28] しかも彼は、それが実現可能であるとの見通しを次のように示している。

恐らく、平和を維持する見込みと維持したいという願望が一般的になっていると思える今こそ、この問題を国際的な取り決めへと導くべきときでしょうし、既にヨーロッパの三つの国［仏・墺・露］がこの人道的な原則を公表していること、また、アメリカ合衆国が当時、一八五六年のパリ講和会議の当該協定への加盟はこの原則を受け入れるかどうかによると主張したこと、これに対して当時この原則に最も抵抗したと言われているイギリスが、言うに足りるほどの海軍を有していないある国の数隻のすばしこくて向こう見ずな私掠船が強大な海洋国の商船を荒らしまわった出来事があってから、意見を変えるかもしれないということを考えると、一層そうなのです。

ここで見落としてはならないのは、ローンの口から米国の名が飛び出してきたことである。既に読者はお気づきかもしれないが、実は米国はこのパリ宣言に加盟していない。米国はパリ宣言が成立した一八五六年の時点では（現在のそれからは想像がつかないほど）海軍力は決して十分なものではなく、国防の観点から私掠活動を容認していたため、一切の私掠活動を禁止するパリ宣言を受け入れることができなかったからである。そこで彼らは、私掠活動が認められないのであれば、戦時における公海上での貿易を最大限に保護すべく、パリ宣言の内容をさらに徹底させて、戦時禁制品を除く私有財であれば中立国のみならず交戦国のものであっても保護の対象とすることを訴えていたのである（これは当時のアメリカ国務長官ウィリアム・マーシーの名前を採って「マーシー修正案」と呼ばれている）。[*29]

ここにパリ宣言の改定を要求するという点で、プロイセンと米国に接点＝共通の利害が生まれたのであった。

ダンツィヒ商人の訴え

パリ宣言改定に向けてビスマルクを突き動かしたものは、他にもあった。ローンがビスマルクに回答した翌日の五月二十二日、ダンツィヒ（現在はポーランド領グダニスク）商人の代表が連名で陳情書を政府に提出してきた。それによると、デンマーク戦争と普墺戦争が相次いだここ数年の間に、プロイセンの船主たちは少なからぬ被害を被っているという。保険で大きな負担を強いられることもあれば十分に補償を受けられないこともあり、本来であれば一八五六年のパリ宣言に基づいて中立国を相手とする船荷であればたとえ交戦国の船に積載されていたとしても保護されるはずなのに、実際には拿捕・没収されることもあって、その損害を埋め合わせるために多大な負担を強いられているというのである。そこで彼らは、先に見たパリ宣言に対する米国のマーシー修正案を引合いに出しながら、国際的な合意を得ることでもって、戦時における自分たちの積荷を、ひいては「ドイツの船主たちの利益」を守ってほしいと訴えたのであった。[*30]

ちなみに、このような商船保護に関する商人の陳情はダンツィヒに留まるものではなかった。六月十九日にはケーニヒスベルク（現在はロシア領カリーニングラード）の商人もまた同様の陳情書を政府に提出しているのである。[*31]

ダンツィヒをはじめプロイセン商人に実際に大きな被害があったと思われるのは、デンマーク戦争のときであった。戦争序盤で商船が十九隻拿捕され、このとき味方であったオーストリア海軍が登場するまでデンマーク海軍によって海上封鎖も行われるなど、実際に大きな被害が生じていたのである。[*32] そして今度はデンマークよりもはるかに海軍力の勝るフランスとの戦争危機が取沙汰されていたため、彼らの陳情は切実感溢れるものであった。ここで興味深いのは、彼らが戦時に洋上で自分たちの利益を守るために、プロイセン海軍の増強を訴えるのではなく、国際的な合意を取り付けることで対応してもらいたいとしている点である。彼らにとっては、こちらの方がはるかに現実的な対応であったのかもしれない。

いずれにせよ、ビスマルクはこうして思わぬ形で自国の商船保護とパリ宣言改定に絡む問題に向き合うことになった。これまでに彼がこの問題について何か具体的な指示を出した痕跡が管見の限りでは見当たらないので、ローンの回答とプロイセン商人の陳情を受けてこのときそうせざるを得なくなったと見るべきであろう。この瞬間、ビスマルクにとって米国は、軍艦の調達先だけではなくなったのである。

ゲーロルトへのもう一つの指示

かくして五月三十日、ビスマルクはパリ宣言の改定を目指すべく米国への打診を決断した。この日、彼はまず五月二十一日付書簡に対する返事をローンに送った。このなかでビスマルクは、パリ宣言に対する米国の対案にプロイセンも賛成であること、ロシアやオーストリア、フランスもこれに好意的であるため、これが国際的な原則として受け入れられれば北ドイツ連邦にとっても大きな価値を有することを認めている。その上で、パリ宣言改定に消極的なイギリスを動かすには、手始めに米国政府に協力を要請し、然る後にその他の政府（とりわけ露仏両国）に対して働きかけるつもりであるとして、今後の具体的な方針を説明したのであった。*33

次に、これを踏まえた上でビスマルクは同日付でワシントンに駐在するゲーロルトに宛てて第六十六号訓令を送った。これが一八六七年にビスマルクが行ったもう一つの対米打診となる。以下、具体的にその内容を見ていこう。

彼はまず、パリ宣言に対して米国が洋上における私有財の自由を訴えていること、プロイセンのみならずロシアやオーストリア、フランスがこれを支持するものの、イギリスが異議を唱えていることに言及した。そしてその一方で、（相互性が保証される限り）戦時において敵国の商船が拿捕・没収されることはないとしたヴィルヘルム一世の一八六六年五月十九日付勅令に触れ、オーストリアも普墺戦争直前に同様の措置をとり、イタリアも似たような措置を承認、さらにはリューベックとブレーメンもこれを適用したことに触れ、この原則が北ドイツ連邦にとって特別に価値があると説明した。

そして、この原則が国際的に承認されれば「実効的な意義」が得られると見るビスマルクは、「もし他国の政府がこの原則を受け入れた後に〔プロイセンと〕共同行動をとる気にさせられれば、イギリスは〔……〕それまでの反対の姿勢を撤回するかもしれない」と述べた。それを踏まえて彼は「現地の政府〔米国政府〕が昨年五月十九日の勅令のなかで謳われている原則に一般的かつ無条件に賛同するか否か」、さらにパリ宣言を改定して上記の原則が国際的に承認されるべく、「この目的のためにイギリス政府に対して他の海洋諸国と共同行動をとる用意が米国政府にあるか否か」、この二点を米国政府に打診するよう指示したのである。[*34]

米側の反応

パリ宣言改定に向けての対米打診は、この後どのような展開を辿《たど》ったのだろうか。

五月三十日付第六十六号訓令を受け取ったゲーロルトは七月九日、この件に関するアメリカ国務長官シュワードとの会談内容をビスマルクに報告した。[*35] それによると、シュワードはビスマルクの打診に謝意を示すものの、米国政府は目下イギリスとの間にある外交問題を抱えているため、それに応じられないと回答している。

ちなみに、ここでいう英米間の外交問題とは「〈アラバマ〉事件」であると考えられる。先述したように、南北戦争時に南部連合がイギリスで調達した武装船〈アラバマ〉は、北部連邦側に多大な損害を与えていた。そのため米国は南北戦争後、イギリスが中立義務に違反したとして損害賠償を請求していたのである。[*36] そのためシュワードは、それが満足のいく結果にならない限り、「この件について、成功を収められるというある見通しをもって〔イギリスと〕交渉するのは適切でない」と述べたのであった。

しかもこのとき、アメリカ連邦議会は南部再建問題をめぐって紛糾していた。南北戦争を終息させた後リンカーンが凶弾に倒れると、アンドリュー・ジョンソンが大統領に昇格した。彼は急進的な再建を嫌って南部寄りの宥和《ゆうわ》的な再建を目指したのだが、それは、南北戦争でリンカーンを支え、このとき連邦議会で多数を占めていた共和党の激しい反発を引き起こしたのである。[*37] そのような状況下では、ジョンソン政権としてはこれ以上の負担を抱え込む余裕もなかったものと思われる。シュワードが「この件に関して米国政府が発言するには、現在の議会の会期が終了するまで待たねばならない」と述べている点からも、そのことが窺えよう。シュワードとの会談を終えたゲーロルトは、望みが全く絶たれたわけではないため、会期終了後に再度問い合わせることにするとビスマルクに報告した。

だが、これを受けてビスマルクの意欲は一気に低下した。七月二十七日、ビスマルクはゲーロルトからの報告を転送した上で、この件に関する米国の反応をローンに伝えた。そして彼は、この問題で米国政府を味方につけるのは「望み薄」であると判断、プロイセンの単独行動では成功が期待できず、米国の協力なしではこの件を他の海洋国に提案することは現時点では断念せざるを得ないとしたのであった。[*38]

こうして、ほぼ時期を同じくしてなされた二つの対米打診は歯車がかみ合うことなく、そして何ら成果をあげることなく終止符が打たれた。

四　二つの打診から見えてくるビスマルクの米国観

二つの打診の位置づけ

以上、一八六七年四月から七月にわたってほぼ同時に展開されたビスマルクの二つの対米打診について見てきた。一つ目は、フランスの通商や沿岸を脅かすために米国で軍艦を調達することが可能か、その可能性を探るための打診であった。これはアメリカ側の協力もあって実現するかに思われたが、ローンと海軍省の反対にあって構想そのものを断念せざるをえなかった。二つ目は、戦時に洋上で自国の商船を保護すべく、パリ宣言の改定に向けて米国の外交的支持を得るための打診であったが、これはアメリカ側の事情で失敗に終わってしまった。

これら二つの打診について、その淵源は同じである。すなわち、海軍大国でもあるフランスと戦争になった場合、プロイセン海軍はフランス海軍と渡り合い、自国の商船を守ることができるのかという問題である。ルクセンブルク危機時にこの問題が顕在化し、ビスマルクはその対応を迫られた。彼は米国で軍艦を調達することで対応しようとしたが、ローンと海軍省はそれを拒み、パリ宣言という国際法を改定することで対応しようとしたのである。そして、これらの件で米国に打診する際には、両者の間で意見調整がなされたわけではなく、同時並行で行われることになった。しかしながら、既に論じてきたように、これらの打診は最初からビスマルクの構想のなかで有機的に連動して展開されたものではなく、ローンと海軍省からの想定外の回答に直面して（当初の打診とは別に）急遽別の打診が追加された結果、思わぬ形で交錯することになったとまとめられよう。

ビスマルクとアメリカ合衆国

何故ビスマルクはこのときの打診先に米国を選んだのだろうか。

二つ目の打診に関しては比較的答えやすかろう。先述したように、米国は以前からパリ宣言の修正を要求していたため、この点であれば米国との連携が可能であり、その外交的支持が得やすいという認識があったからである。

では一つ目の打診、すなわち軍艦調達に関しては、何故その打診先が当時世界最大の海軍大国にして軍艦購入の取引実績があるイギリスではなく[*39]、米国だったのだろうか。このときビスマルクは、先行研究が異口同音に指摘するように、極めて親米的なスタンスを採っていた。それは、学生時代からの親友である米外交官モトリーの存在という極めてパーソナルな理由が大きいのだが、[40]アメリカ独立戦争以来一貫して親米的スタンスを採り続け、南北戦争でも当初から北部連邦側を支持してきたプロイセン外交の伝統的なスタンスを維持し続けることで、これ以上の外交的負担を抱え込まないようにするという意味合いもあったと考えられる。[41]

これに加え、先に見た四月二十六日付ゲーロルト宛第四号訓令に見られるように、このときビスマルクは米国が「巨大な海軍力」を有する国であると認識していたことも無視できない。その背景には、プロイセンとそれほど変わらない海軍力しか有していなかった米国が、南北戦争を経て一時的ではあったが海軍力を急激に増大させたことや、[42]ビスマルクの許に頻繁にもたらされた米国の海軍技術に関する情報から、[43]そのような認識が形成されたものと考えられる。フランスとの戦争危機に際してイギリスが当てにならない状況下にあって、自身が好感を抱く「巨大な海軍力」を有する米国が、南北戦争の終結に伴って大幅な軍縮に乗り出して多数の軍艦を売り出していたことが、[44]このときの軍艦調達の可能性を探る対米打診につながったと見てよいだろう。

このときの打診は一過性のものか？

最後に、このときのビスマルクの二つの対米打診が、その場限りの一過性のものでしかなかったのか、この点について見ておきたい。

実は、米国での軍艦調達をめぐる動きはこれで終わったわけではなかった。フランスとの関係が小康状態になった一八六七年十一月にも、米国政府がモニター艦〈ティピカヌー〉（Tippe-canoe）を売却しようとしていることをゲーロルトが伝えると、[*45] ビスマルクは再び購入に前向きになった。だが、またしてもローンの反対にあってそれを断念するのであった。[*46] そして、この話は独仏戦争勃発直前にも再び取沙汰されるのである（これについては第三章で詳述する）。先述のように、W・ペッターはフランスに対する抑止効果の観点から、軍艦購入をめぐる対米打診そのものに意味があるのであって、ビスマルクは軍艦購入を真剣に考えていなかったと評価するが、これまでの議論を踏まえると決してそうとは言い切れず、見直しが必要であろう。

他方、パリ宣言改定に向けた動きは、デンマークの歴史家レムニツァーが指摘するように、実際に一八七〇年に独仏戦争が勃発するとこの問題が再び浮上し、イギリスを巻き込む形で展開するのであった。[*47] これについては、次章以下で詳しく見ていくことにしよう。

第三章
独仏開戦とフランス海軍への対応

ルクセンブルク危機から三年後の一八七〇年七月、普仏両国の対立はスペイン王位継承問題を通じて頂点に達し、ここに独仏戦争が勃発する。この間に北ドイツ連邦海軍は建艦計画を立てたものの、当然のことながらわずか三年でフランスとの戦力差が縮まるはずもなく、パリ宣言の改定問題にも結局、進展は全く見られなかった。このような状況下で、ビスマルクはフランスと戦火を交えることになったのである。強大なフランス海軍を前に、果たして彼はどのような対策を講じたのであろうか。

本章では、七月危機（スペイン王位継承問題に端を発する普仏戦争危機）から独仏開戦直後までの間にビスマルクと北ドイツ連邦海軍によって講じられた三つの対策、すなわち①米国での軍艦調達、②対仏商船保護宣言の公布、③「義勇海軍」（Freiwillige Seewehr）の創設について考察していきたい。

一　フランスとの戦争へ

スペイン王位継承問題

独仏戦争の直接的なきっかけとなったのが、スペイン王位継承問題である。事の発端は、一八六八年九月に勃発したスペイン革命であった。このとき女王イサベル二世が追放され、革命を主導したプリム将軍率いるスペイン政府は、新たな国王探しに着手した。そして、何人かの候補者のなかで最終的に白羽の矢が立ったのは、プロイセン王室の分家にあたるホーエンツォレルン＝ジークマリンゲン家の世子レオポルトであった。この家からはルーマニアの君主が選出された前例があり（一八六六年にルーマニア公となり、八一年から初代ルーマニア国王となるカロル一世はレオポルトの弟）、しかも彼はプロテスタントであるプロイセン王室の一員でありながらカトリック教徒であり、妃はスペイン王室とも姻戚関係のあるポルトガル王室の出身であったため、スペイン側からすれば申し分のない人物であった。

各方面への内々の打診を経てスペイン政府は一八七〇年二月、正式にレオポルトに即位を申し込んだ。だが、レオポルトや彼の父親カール・アントンのみならず、ホーエンツォレルン家の家長であるプロイセン王ヴィルヘルム一世もまたこの話に否定的であった。そして四月二十日にレオポルトが正式に拒絶したため、この話はここまでかに思われた。

ところがここで諦めず、粘り強くカール・アントン親子やヴィルヘルム一世を説得し続けたのが、他ならぬビスマルクであった。彼はこの問題が生じると「スペイン問題が平和のささやかな泉(Friedens-Fontanelle)として未解決なままであることがわが国の利益になるのであり、ナポレオンにとって好ましい解決策がわが国にとって有益なものとなるのは難しい」として積極的に関わり、[*1]レオポルトがスペイン王位の話を受諾するよう方々に働きかけた。その結果、彼はレオポルトの翻意とヴィルヘルム一世の同意を得るのに成功した。六月十九日、レオポルトはスペイン側の要請を受け入れると回答したのである。[*2]

もしこの話が実現すれば、十六世紀の神聖ローマ帝国の皇帝カール五世のときのように、ホーエンツォレルン家によってフランスが地政学的に挟撃される格好となるため、フランスが黙認するはずがなかった。しかも当時ナポレオン三世は、先述したようにメキシコ出兵の失敗やルクセンブルク危機での後退に見られるように外交面での失敗が続いていた。国内でプロイセン脅威論が高揚していることもあって、彼にとってはこれ以上の外交上の失敗は許されず、今回の件では戦争も辞さない姿勢で臨んでくる可能性が極めて高かった。

果たしてビスマルクは、フランスとの戦争を企図してこの問題に関与したのだろうか。この点をめぐっては、これまでのビスマルク研究のなかで盛んに議論されてきた。ちなみに、この問題に詳しいドイツの歴史家J・ベッカーはそのように見ている。彼によれば、ルクセンブルク危機以降、南ドイツ諸邦ではプロイセンを中心とするドイツ統一に反発する動きが顕著に見られ、ドイツ統一事業が悲観的なまでに停滞を余儀なくされていた。しかも、一八六九―七〇年にフランスでは立法院の権限を拡大する議会主義的な改革が行われ、反プロイセン的なグラモンが外相に就任していた。そのような状況を打破するためにも、フランスとの戦争を当初から決断していたというのである。[*3]

しかしながら、ビスマルクがフランスとの戦争を端《はな》から目論んでいたとして、それをスペイン王位継承問題と結びつける見方に対しては、主要な先行研究は総じて否定的である。[*4] 少なくとも一八七〇年二月末の時点で、彼は側近モーリッツ・ブッシュに「わが国はフランスと戦い、打ち破ることはできるかもしれない。だが、それはさらに五つ、六つの戦争を引き起こすことになるだろう。それは、平和的な手段で目的を達成できるのであれば、犯罪とまでは言わないまでも愚行というものであろう」と漏らしており、[*5] アメリカの歴史家D・ウェツェルによれば、七〇年六月の時点でもビスマルクは戦争を企図していなかったという。[*6]

この話が非常に厄介なのは、ベッカーの主張を裏付けるビスマルクや同時代人の発言も少なからず見つけることができる点にある。それ故にこの問題は今でもビスマルク研究者を悩ませ続けており、ビスマルクは最初からフランスとの戦争を計画していたわけではないものの、フランスとの戦争という選択肢は残していたという何とも折衷的な見方に落ち着かざるを得ないのが現状である。[*7]

いずれにせよ、ビスマルクがプロイセン・北ドイツ連邦の置かれている状況を少しでも改善しようとして、この問題を利用したとみて間違いないだろう。

七月危機

この件は、フランス側に露呈すれば反発を招くことは必至であったため、極秘裏に進められていた。だが、七月に状況が一変する。

当初の予定では、反対派の動きを封じるべく、レオポルトの正式な立候補のあとに間髪を容れず国王選挙が行われるはずであったが、スペイン側に送った電報が正しく伝わらなかったために、選挙の期日が秋にずれ込んでしまった。[*8] それどころか、手違いとはいえスペイン側が七月初めにフランス側にこの件を伝えてしまったのである。かくして秘密は露見した。

これにフランス世論が沸騰した。ヴィルヘルム一世の表現を借りれば「〔スペインの〕爆弾が爆発した!」のである。[*9] 怒りの矛先はすぐさまベルリンに向けられた。フランス外相グラモンは七月四日、駐仏北ドイツ連邦大使ヴェルターに対して、ホーエンツォレルン家の人間がスペインの玉座を占めた場合には世論はそれに耐えきれず、ナポレオン三世といえどもそれに抗しきれなくなるため、平和の存続が危ぶまれると警告した。そして、急ぎヴィルヘルム一世の保養先であるエムスに出立するよう急き立《せ》てるのであった。[*10] その一方でグラモンは、プレスキャンペーンを通じてプロイセンの不当な動きのためにフランスが危機的な状況にあると国内外に訴え、[*11] 七月六日には立法院で次のように発言することで、戦争も辞さない強硬な姿勢を示したのである。

しかしながら、隣国［スペイン］の人民の諸権利が尊重されたとしても、ある大国が自国の公子の一人をカール五世の玉座につけることで、ヨーロッパの現在の勢力均衡状態をわが国に不利なように乱し〔……〕フランスの国益と名誉を脅かさんとする事態に、我々が苦しめられることになるとは思いません。そのような万一の状態が現実のものとはならないことを、我々は強く希望しています。そうした状態に陥らないために、我々はドイツ国民の賢明さとスペイン国民の友好を同時に期待しております。もしそうならない場合には、議員の皆さん、あなた方の支持と国民の支持を後ろ楯として〔……〕我々は躊躇なく、そして弱みを見せることなく、我々の義務を果たすことになるでしょう。[*12]

これに飽き足らずグラモンは七月八日、ベルリン駐在フランス大使ベネデッティをエムスに向かわせ、ヴィルヘルム一世にこの件について直談判させたのである。その結果、ヴィルヘルム一世は七月十日、このままではフランスと戦争になるとしてレオポルトに立候補を断念するよう父親のカール・アントンに説いた。[*13] そして七月十二日、カール・アントンは「普仏間の戦争勃発がいまや避けられないことが断言できるため、〔レオポルトが〕スペインで王位候補となることを見合わせ、直ちにマドリードに打電することを決断[*14]」、その旨正式に伝達したのであった。

ビスマルクの反応

ビスマルクはこれまでの事態を、ベルリンではなくポンメルンにある自分の所領ヴァルツィーン（現在のポーランド領ヴァルツィノ）から眺めていた。彼はこの件がホーエンツォレルン家の問題であるというスタンスをとっており、[*15] フランス側には「この問題はプロイセン政府にとっては公式には存在しない」と外務省を通じて回答させ、「非常に厚かましい」フランス側の照会には「国王陛下の命令を待って」対応するとしたのであった。[*16] そして七月十日には駐仏北ドイツ連邦代理公使ゾルムス゠ゾンネンヴァルデに対して、「〔パリの〕人々が戦争を口にするのであれば、もしわが国に宣戦布告するのならそれに応じるであろうと冷淡かつ端的に回答してもらいたい。わが国は自分たちを守ることができるし、その準備もできている。貴卿がそれについて話しかけられたら、そうはっきりと伝えてもらいたい」と指示した。[*17]

こうして彼は、自分には与り知らぬことであるとの素振りをわざわざベルリンを離れてまで示すことで、スペイン王位継承問題がこのまま進展するのを期待するとともに、日増しに反プロイセン的・好戦的度合いを強めるフランス世論を前に、事態が悪化するに任せていたのである。このままいけばフランスは窮地に追い込まれ、戦争になったとしてもプロイセンに有利な形で開戦できるはずであった。七月十二日、彼は外務省に宛てて次のように打電している。

私の見立てでは、世子［レオポルト］は現下の状況では、礼儀上次のような条件でのみスペイン王位を受諾できよう。それは、ドイツがこの件でフランスから攻撃された場合には、スペインが直ちにフランスに宣戦布告して戦端を開くというものである。[*18]

ところが、形勢は思わぬ形で一転した。エムスにてヴィルヘルム一世が直接ベネデッティと交渉して翻意してしまったからである。自分の思惑がエムスにて台無しにされてしまうのを恐れたビスマルクは七月十二日午前十時、現地に乗り込むべくヴァルツィーンを出発した。[*19] それに際して彼はグラモンの動きに対抗して、さらには戦争回避のために大幅な譲歩をする用意があったヴィルヘルム一世を後戻りさせないようドイツ世論を刺激すべく、北ドイツ連邦議会の召集を指示した。[*20]

だが時既に遅く、同日午後ベルリンに立ち寄ったビスマルクを待っていたのは、レオポルトの立候補辞退の報告であった。その日の夕食の席で彼は、同席していた内相オイレンブルク、陸相兼海相ローン、参謀総長モルトケを前に不満をぶちまけ、予定していたエムス行きをキャンセルした（代わってオイレンブルクが急遽エムスに向かうことになった）。[*21] 彼はフランスの攻勢に加え、国王に対しても何らかの対応を講じざるを得なくなったのである。

エムス電報

翌七月十三日は、独仏関係史において大きな意味を持つ日となった。

この日、ベネデッティは本国からの指示に基づいてヴィルヘルム一世と再び会談した。レオポルトの立候補辞退を勝ち取ったフランス政府はこの成果に満足せず、レオポルトを含め、ホーエンツォレルン家に連なるものが二度とスペイン王位候補者となることに同意しないよう、確約を求めてきたのである。このときの様子は、国王に同行してエムスに赴いていた外務省参事官アーベケンを通じて、直ちにビスマルクに向けて次のように打電された。少し長くなるが、その全文をここで見ておこう。

国王陛下は私に次のようにお伝えになりました。「ベネデッティ伯が散歩道で余を待ち構え、ホーエンツォレルン家の人間が再び〔スペイン〕国王候補となるようなことがあっても、今後絶対に同意を与えないと余が誓う旨、〔パリに〕打電する権限を与えてほしいと、最後にはかなり押し付けがましい態度で要求した。余は未来永劫にわたってそのような約束をすることは許されるものではないし、できるものでもないと言って、最後には幾分厳しい口調で彼の要求を退けた。むろん、余は彼にこうも伝えた。余は〔レオポルトの辞退に関して〕まだ何も聞いてはいないし、貴君は余よりも早くパリ並びにマドリード経由で情報を得ているのだから、余の政府は〔継承問題に〕何も関与していないということがわかったであろう」と。陛下はその後〔カール・アントン〕侯の書簡を受け取られました。陛下はベネデッティ伯に〔カール・アントン〕侯からの知らせを待っているところだとおっしゃっていたので、右記のごとき不当な要求に鑑み、〔内相〕オイレンブルク伯と小生の意見を踏まえ、もはやベネデッティ伯とはお会いにならず、ベネデッティがパリから入手した情報を裏付ける知らせを〔カール・アントン〕侯から受け取ったし、〔フランス〕大使にこれ以上言うことは何もないと、副官を通じて伝えることをお決めになられました。

陛下は、ベネデッティが新たな要求を持ち出し、陛下がこれを退けられたことを、直ちにわが国の公使及びプレスに伝えるべきか否か、その判断を閣下に委ねておられます。*22

ここから見て取れるように、この電報はあくまでもヴィルヘルム一世とベネデッティのやり取りの仔細をビスマルクに伝えただけのものであった。ところが、この日の夕刻、ローン並びにモルトケと会食中にこの電報を受け取ったビスマルクは、次に見るようにその内容を二つの文に要約し、余計な説明を一切省略した上で、同日午後九時に『北ドイツ一般新聞』号外にて公表した。その上で、①同日午後十一時十五分にドイツ各邦駐在プロイセン公使宛、②同時刻でプロイセン公使が駐在していない北ドイツ連邦加盟各邦政府宛、そして③翌十四日午前二時三十分にヨーロッパの主要八カ国（イギリス、ロシア、イタリア、ベルギー、オランダ、オーストリア＝ハンガリー、スイス、オスマン帝国）に駐在する北ドイツ連邦大使／公使宛に打電、その旨を即刻現地の政府に伝達するよう指示したのであった。これが世にいう「エムス電報」である。

ホーエンツォレルン家の世子［レオポルト］が〔スペイン王位を〕辞退される旨、スペイン政府がフランス政府に対して公式に通告した後、フランス大使はエムスにおいてさらに国王陛下に対し、ホーエンツォレルン家の人間が再び〔スペイン〕国王候補となるようなことがあっても、今後絶対に同意を与えることはないと国王陛下が誓われる旨、パリに打電する権限を与えるようにと要求してきた。これに対して国王陛下は、フランス大使とさらに会うことを拒まれ、副官を通じて、大使にこれ以上何も伝えることはないとお伝えになった。
このことを現地〔政府〕に伝達されたし。*23

かくしてビスマルクはこの「エムス電報」によって、スペイン王位継承問題でフランスがプロイセン王に不当な要求を突き付けてきたという印象を際立たせることに成功した。それどころか、こうしたフランス側の要求をプロイセン王はきっぱりと断り、「フランス大使とさらに会うことを拒」み、「これ以上何も伝えることはない」とすることで独仏双方の世論を刺激し、このときまでに多少なりとも見受けられた平和への望みを一気に吹き飛ばしたのである。

ところで、この「エムス電報」がフランスの宣戦布告に決定的影響を与えたとする見方に対しては、近年異論が唱えられている。アメリカの歴史家D・ウェッツェルによれば、「エムス電報」の内容がパリの新聞で最初に報じられたのは十四日朝だが、取り上げた新聞は一紙のみであり、しかもその内容は単なる報道記事程度のもので、フランスの外交的勝利として報じられたという。そしてパリの各紙がこれを、フランスを侮辱するものとしてセンセーショナルに報じたのがその日の夜から翌十五日昼にかけてのことであった。フランスの立法院にて戦費のための補正予算案が提出・可決されるのが同十五日午後であったというタイミングを考慮すると、フランス世論は「エムス電報」の有無にかかわらず反プロイセン的・好戦的になっており、フランスの政治家や世論にさほど重要なインパクトを与えなかったというのである。[*24]

果たしてこの点をどのように評価すべきであろうか。D・ウェッツェルが論拠に挙げているように、駐仏イギリス大使ライオンズは七月十四日、当時のフランスの状況について「『北ドイツ一般新聞』の記事のニュースが広く知れわたらなかったとしても、世論の興奮は著しく、そして軍はひどく苛立っているため、万が一にも決定的な外交的成功の知らせが届いたとしても、戦争を求める声に政府が抗しきれるかどうか怪しいものです」と報告している。[*25] それに加えて、「エムス電報」が公表される七月十三日以前の時点で既にフランス世論は反プロイセン的・好戦的性格を強めており、ビスマルク自身も対仏戦を強く意識するような発言をしていた。ベルリン駐在イギリス大使ロフタスの報告を見ると、こうした認識はビスマルクだけのものではなく、北ドイツ連邦外務長官ティーレもフランスが戦争を決断していると確信しており、戦争が目前に迫っているとの認識がベルリンに広まっていたという。[*26]

なるほど、確かに「エムス電報」はフランス世論に対しては従来言われてきたほどの影響力がなかったのかもしれない。だが、先述したライオンズの報告の（D・ウェッツェルが引用していない）別の箇所を見ると、レオポルトの立候補辞退の知らせを受けて七月十三日の時点では（平和維持の見通しが立って）フランス政府のなかに緊張緩和の兆候が見受けられたのが、十四日午前に「エムス電報」の知らせがベルリン駐在フランス代理公使から届くと政府の姿勢が一変し、一挙に開戦モードになったとある。[*27]したがって「エムス電報」は、当時わずかではあったがフランス政府内にも見受けられた平和的解決の可能性を一気に吹き飛ばすだけの威力があったと評価でき、従来見られてきたように、やはりその影響力を過小評価すべきではないと思うのだが、いかがだろうか。

このときナポレオン三世は、レオポルトの立候補辞退の知らせを受けると「これで平和になる……たとえフランスの世論が別の解決を望んだとしても」と書き残しており、[*28]七月十四日午後に至ってもなお大国間の会議もしくはイギリスの仲介による平和的解決を模索していた。だが、沸騰するフランス世論を背景に皇后ユジェニをはじめ対独強硬派の鼻息はさらに荒くなり、自らの健康問題もあって、もはやこうした強硬論に抗しきれなくなっていた。日をまたいで行われた閣僚会議はユジェニが主導し、翌十五日の開戦の決定に皇帝はもはや従うしかなかったのである。[*29]

かくしてフランスは七月十九日、プロイセンに対して宣戦布告した。これに対してビスマルクは北ドイツ連邦諸邦のみならず、攻守同盟を結んでいた南ドイツ諸邦を（一八六七年のルクセンブルク危機のときには失敗したのだが）フランスとの戦争に参加させることに成功した。ここに「独仏戦争」の戦端が開かれることになったのである。

二　開戦前夜のビスマルクの対米打診――フランス海軍への対策①

軍艦調達の試み、再び

スペイン王位継承問題の渦中にあって、ビスマルクが果たしてどの時点でフランスとの戦争を決断したかをめぐっては、先述したように先行研究でも意見が一致しておらず、その特定は難しい。だが、これまでの議論から言えることは、「エムス電報」以前、すなわち七月十三日以前のどこかの時点で覚悟を決めていたということである。それは、次に見る駐米公使ゲーロルト宛訓令からも確認できよう。

話は「エムス電報」前日の七月十二日に遡る。この日ビスマルクはヴァルツィーンを出立する前に、ワシントンにいるゲーロルトに次のように指示するよう外務省に打電した。

プロイセン、ましてや北ドイツ〔連邦〕はホーエンツォレルン家からのスペイン王位選出に一切関与していないにもかかわらず、フランスはこの件でドイツに対して戦争に訴えようとしている。戦争が勃発した場合にもわが国は米国から、海上を防衛する手段への助力という点で好意的な処遇を当てにすることができるのか。〔この件を〕内密に〔アメリカ側に〕伝達し、打診されたし。賛同が得られる場合には、クラウゼ氏〔ロンドン駐在北ドイツ連邦大使館一等書記官（元ワシントン駐在北ドイツ連邦大使館員）〕に口頭での指示を託してそちらに向かわせよう。*30

このようにビスマルクは、自分たちがフランスから不当に戦争の脅しを受けているとして、フランスとの戦争に備えて「海上を防衛する手段」をめぐって米国の助力を得られないかと打診したのである。そしてここでいう「海上を防衛する手段」とは、具体的には米国での軍艦調達を指していた。

第二章で見てきたように、ビスマルクは一八六七年のルクセンブルク危機時に、さらには同年十一月にも米国で軍艦を購入しようとしていたのだから、このときの軍艦調達に向けた彼の対米打診は六七年からの連続性のなかで位置づけられるべきであり、彼は米国での軍艦調達を真剣に目指していたと評価してよいのではなかろうか。

こうした連続性の政治的背景には、良好な普米関係があったことを見落としてはならない。それを支えていたのが、一八六七年八月からベルリン駐在アメリカ公使となったジョージ・バンクロフトである。歴史家としての顔も持つ彼は、一八四五年にポーク政権下で海軍長官を務めた際にアナポリスに海軍兵学校を設立した功績はあるが、外交官としては四六年に一年ほど駐英公使を務めたことがあるだけで、特に目立った功績はない。そんな彼が七年にわたってベルリン駐在公使を務めあげられた背景には、ビスマルクとの良好な関係があった。双方がお互いを高く評価しており[*31]、ビスマルクは彼をヴァルツィーンの私邸に招くこともあったが、当時これが許された外国人の外交官は彼だけであったとされている[*32]。しかも両者はこの時期、極東問題――具体的には中国の領土保全や通商問題――について連携を企図しており、実際に中国海域での海賊の取り締まりをめぐって共同行動を取ろうとしていた[*33]。もしかしたら、二十世紀に見られる中国での独米連携に向けた動きの起源は、この時期にまで遡れるのかもしれない[*34]。

米国での反応と海軍の回答

このときのビスマルクの対米打診は、今度はどのような展開を辿るのだろうか。
打診するよう訓令を受けたゲーロルトはその二日後の七月十四日、米国政府の回答を報告した。これによると「交戦国はいずれも〔米国の〕中立法を損なうことなく、当地で海上を防衛する手段を調達する権利を有している」[*35]とあり、米国での軍艦調達に道を拓くものであった。振り返ってみれば、一八六七年時の軍艦調達をめぐる対米打診の際にもアメリカ側はこれに協力的であったのだから、この問題に対する米国の好意的な姿勢は一貫していたと評価することができよう。これに続けて彼は、アメリカ連邦議会はドイツに対して共感を示すだろうとの見通しを示している。ちなみにゲーロルトは十九日、アメリカ上院にも親独派がいて、フランス商船を拿捕するか破壊するために足の速い蒸気船を巡洋艦として調達し、米国の海岸以外のどこかで北ドイツ連邦の軍艦として装備を施して人員を配置すべく尽力しようとしていることを報告している。[*36]
だが、またしても海軍がこれをよしとしなかった。七月十七日、プロイセン海軍省にて「米国での軍艦購入による戦力増強の可能性」について協議の場が設けられた。この席で、外務省からビスマルクの意見を代弁すべく出席したクラウゼは、米国が（先述の〈アラバマ〉事件においてイギリスの非を鳴らしていること、そしてニューヨーク港に停泊しているスペイン船とキューバ船に対して中立法を厳格に適用していることから）ドイツ側による軍艦調達を大目に見てくれない可能性があるため、この件を極秘にすると同時に、現地でコネもあるシェリハという人物に打電してその可能性について調査してもらうことを提案したのである。

これに対して、この協議に出席していた海軍省の実務責任者であるヤッハマン海軍中将や他の海軍士官は、クラウゼの主張にも一理あるとして彼の提案には同意するものの、米国での軍艦調達については以下の三点を理由に異議を唱え、イギリスでも同様に調査することを推奨したのである。

一、わが国にとって実際に価値があるのは、フランス艦隊に損害を与えることができる、実際に航海に適する船舶のみである。

二、アメリカのモニター艦は、もしわが国が現在何隻か河口に配置しているのであれば大いに有益だが、右記の目的には合致しない。

三、右記一にあるような航海に適する軍艦購入の可能性は、合衆国では非常に疑わしいものである。その理由は、現地の艦隊はそのような船舶を何隻か有しているものの、〔米国〕政府がそれらを売却する気はないからである。*37

ヤッハマンの主張には確かに説得力があった。一八六七年時の交渉を想起すると、このとき調達できる軍艦はモニター艦であった可能性が高い。しかしながら、モニター艦は乾舷《かんげん》（喫水線《きっすい》から甲板までの垂直距離）が小さく、沿岸や河口での防衛任務には適しているが、通商破壊のための遠洋航海には不向きな軍艦であった。

果たしてビスマルクがこのとき求めていた「海上を防衛する手段」がモニター艦であり、その目的が単に北ドイツ沿岸並びに河口の防衛のためだけのものであったのか、それともフランスの通商破壊とドイツ商船保護のためのものだったのか、これについてはそれが確認できる史料が見当たらず、先行研究を見ても判然としない。[*38]

いずれにせよ、フランス海軍に対抗すべく米国で軍艦を調達するというビスマルクの（三年がかりの）構想は、海軍の要求と合致せずに潰《つい》えることになり、十分な海軍力を整えられないままフランスと戦端を開くことになったのである。

なお、ビスマルクの側近モーリッツ・ブッシュの九月十二日の日記には、ビスマルクがフランス海軍に対抗すべく米国の港にある船舶を艤装《ぎそう》することを望んでいたことが少し前に知れわたっていたとあるが、[*39]もしかしたらこのときのやりとりを指しているのかもしれない。

現場での動き

ちなみに、このとき米国で軍艦を調達しようと企図していたのはビスマルクだけではなかった。当時カリブ海にあった北ドイツ連邦海軍の一等砲艦〈メテオール〉（Meteor）の艦長クノール海軍大尉は八月三十一日、米国のフロリダ州キーウェストに寄港した。その目的は、独仏戦争に有用な船舶を駐米公使ゲーロルトの仲介で調達することにあった。ゲーロルトに宛てた九月一日付の書簡によると、クノールはニューヨーク港に停泊しているドイツの蒸気船がフランスの軍艦によって拿捕されるのを恐れて身動き取れない状況にあることを新聞報道で知り、そのなかから適したものを借りるか購入して艤装することを考えていたようである。[*40]

だが、彼の計画は実現しなかった。ゲーロルトは九月十四日にクノールの書簡を受け取るや、すぐさまそれを却下する旨返信した。その理由は、米国の中立法に抵触することや、ドイツ蒸気船運航会社の代表らがきっぱりと拒絶しているからであった。さらに彼は、本国政府もクノールの計画を承認できないだろうとの確信を付け加えている。[*41]そこには根拠が記されていないものの、その確信が先に見たビスマルクと海軍のやり取りに基づくものであることは明らかである。

かくして、現場から浮上した米国での軍艦調達の試みも、実現せずに終わった。ここから見て取れるのは、海軍側でも現場の指揮官レベルでは、ビスマルクと同様の考えを抱いて行動に移そうとした人物がいたということである。但し、クノールの計画はビスマルクのそれとは関係なく独自になされたものであったことは強調しておきたい。

ちなみに〈メテオール〉はこのあと十一月にカリブ海にて、フランスの通報艦〈ブーヴェ〉と砲火を交えることになる。[*42]

三　対仏商船保護宣言とそのねらい――フランス海軍への対策②

一八七〇年七月十八日付ヴィルヘルム一世布告

米国で軍艦を調達できないとなった以上、ビスマルクは一体どのようにしてフランス海軍からドイツ商船を守ろうとしたのであろうか。

自身の構想が海軍によって拒絶された翌日の七月十八日、彼はヴィルヘルム一世の布告に副署して発表した。その内容は次に見るように、まさに対仏商船保護宣言と呼べるものであり、フランスが宣戦布告する七月十九日の『プロイセン官報』に（『北ドイツ連邦官報』にはその翌日に）掲載された。

フランスの商船は北ドイツ連邦海軍の船舶によって拿捕・没収されることはない。この規定は、もしそれが中立国の船舶である場合に拿捕・没収の対象とされるような船舶には適用されない。[*43]

これによるとフランス商船は、戦時禁制品を積載していない限りはドイツ側の軍艦によって拿捕・没収されないというのである。パリ宣言第二・第三条の規定では、中立国の船舶に積載されている敵国の積荷と敵国の船舶に積載されている中立国の積荷が（戦時禁制品でない限り）保護の対象とされていたが（55頁以下参照）、このときのヴィルヘルム一世の布告では敵国の船舶に積載されている敵国の積荷も保護の対象とされるのである。まさにこれは、パリ宣言よりもさらに踏み込んだ形で戦時における公海上での私有財を保障するものであり、米国がパリ宣言の改定を求めて訴えていた「マーシー修正案」（72頁参照）に相当するものであった。かつてビスマルクが一八六七年に米国に打診した内容そのものを、開戦にあわせて実行に移したことになる。

そのねらいは明らかであろう。北ドイツ連邦海軍に質・量ともに圧倒的に勝るフランス海軍に対して、軍艦を調達して軍事力を増強するのではなく、米国の「マーシー修正案」に相当することを北ドイツ連邦が他国に先駆けて実践することで、米国をはじめ国際社会の理解と支持を得つつ、相互主義の観点からフランスもドイツ商船に対して同様の措置をとってくれることを期待してのものであった。[*44]

ちなみに、この布告をめぐっては一八六七年時のように、事前に米国に打診した痕跡が見当たらない。そのため、米国の出方が不透明なまま踏み切った大胆な措置のように見えるかもしれない。だが、既に第二章で触れたように、そして幾つかの先行研究が示すように、同様の布告が普墺戦争勃発前夜の一八六六年五月十九日に発せられ、[*45]六八年四月十八日の北ドイツ連邦議会においても、連邦宰相府を代表してデルブリュックが個別の条約を積み重ねていきながら国際法の一部にしていく方針を取っていくと答弁しているため、[*46]このときの布告は米国の支持の有無にかかわらず、その連続性のなかに位置づけることもできよう。[*47]

フランスの反応

しかしながら、ビスマルクの期待は見事に裏切られた。

フランス政府は七月二十二日、駐英フランス大使ラ・ヴァレットを通じてイギリス政府に対して「フランスの名誉と国益並びにヨーロッパにおける勢力均衡を守るために」プロイセンとその同盟国（南ドイツ諸邦）に対して宣戦布告した旨通達した。その際、中立国に対しては国際法に基づいて対応すること、すなわちパリ宣言を遵守すると表明するに留め、パリ宣言に署名していない米国とスペインに対しても同様に対応するとしたのである。[*48] フランス政府は七月二十五日、その旨を公表した。[*49]

つまりフランスは、北ドイツ連邦の対仏商船保護宣言に釣られて、相互主義の観点からそれに相応するような措置をとらなかったことになる。それどころかフランス海軍は、いざ戦争が始まるとグローバルな規模でドイツ商船を次々と拿捕していった。そのため、ドイツ商船はフランス海軍を恐れて各地の港に足止めされてしまうのである。これについては、次章以下で詳しく見ていくことにしたい。

米国の好意的反応

他方、このヴィルヘルム一世による対仏商船保護宣言に極めて好意的な反応を示す国があった。アメリカ合衆国である。[*50]

フランスが宣戦布告した七月十九日、駐米公使ゲーロルトはその日の朝にビスマルクからこの宣言に関する電報を受け取ると、早速それをアメリカ国務長官ハミルトン・フィッシュに示し、公海上の私有財は相互主義にかかわりなくドイツ側の軍艦による拿捕から免れることを伝え、可及的速やかにこれを公表するよう要請した。[*51] これと併せてゲーロルトは、ビスマルクの電報をニューヨーク、ボストン、バルチモア駐在北ドイツ連邦領事にも伝達して、現地に停泊するドイツの蒸気船や郵便船に情報を提供するのであった。[*52]

米国政府はこのときのヴィルヘルム一世の布告を歓迎した。その理由としてフィッシュは、それが一七八五年に締結された普米修好通商条約の規定を遵守していることを挙げている。ちなみにこの条約によれば、たとえ貿易相手国が普米いずれかの交戦国であったとしても、商船とその積荷はおろか、その積荷が武器弾薬をはじめ戦時禁制品として規制される商品であっても拿捕・没収の対象とはならないことが定められていた。[*53] したがって、独仏戦争時にアメリカ商船は、フランスに向けて武器弾薬を積載していたとしても――そして後述するように、それは現実のものとなるのだが――ドイツ側によって拿捕・没収されることはなかったのである。

続けてフィッシュは、「マーシー修正案」に見られるようなパリ宣言に対する米国政府のこれまでの方針を踏まえ、今回の北ドイツ連邦政府の対応がそれに合致するものであることを確認した上で、「この布告が、もし近代文明が戦争の戦い方に抑制と調和をもたらすもう一つの影響力として一般的に承認されるのであれば、米国政府並びに米国民が即座に満足できるのだがという願望を抱かせてくれるものである」と表明した。[*54]

だが、ドイツ側はどうやらこの一節に満足できなかったようである。フィッシュの回答を受けてゲーロルトは七月二十五日、その内容を本国に急ぎ報告するとしつつも、北ドイツ連邦による対仏商船保護宣言にみられる私有財保護の措置が国際法の原則の一つとして承認されるよう、米国政府にその地位と影響力を行使するよう要請しているからである。[*55] ビスマルクの指示を仰がずにゲーロルトがすぐさまこのように回答したところを見ると、ドイツ側がこのとき求めていたのが、今回の対仏商船保護宣言に対する米国の支持と外交的支援（恐らくは特にフランスへの働きかけ）であったことが窺えよう。だが、この件に関して米国がそれ以上のことを行ったかについては、残念ながら確認ができていない。

確かに米国は、独仏戦争が勃発すると基本的には親独的な態度をとった。八月二十二日にアメリカ大統領グラントが独仏戦争に対して中立宣言を発表するが、[*56] それに先立ってビスマルクは開戦に伴い退去処分となった在仏ドイツ人の保護を米国政府に依頼すると、[*57] 駐仏アメリカ公使ウォッシュバーンがそれを引き受け、[*58] 九月に入ると（フランスからの依頼を受けて）積極的に普仏調停に乗り出している。[*59]だが、その一方で米国は戦時中にフランスへ武器弾薬（特にライフルとカートリッジ）を輸出していたのである。[*60]この後見ていくように、ビスマルクはイギリスからフランスに武器弾薬が輸出されたことを知ると何度も執拗に猛抗議するのだが、米国に対しては――恐らくは先述した普米修好通商条約の故に――激しく抗議した形跡は見当たらない。[*61]

このように、独仏戦争時の米国の親独的だがしたたかな態度は、必ずしもビスマルクが思い描いていたようなものではなかったかもしれない。米国からフランスに武器弾薬が流れていたのを目の当たりにした彼の心中はいかばかりか。それを示す史料が見当たらないため、今はただ想像するより他はない。

イギリスの反応とビスマルクの苛立ち

このときビスマルクが最も気にかけていたのは、むしろ西の大国イギリスの動向であった。イギリスは独仏戦争に際して中立を宣言するが、ベルリン駐在イギリス大使ロフタスが洞察するように、いかにイギリスをフランスから切り離して北ドイツ連邦側につかせるか、この点にビスマルクの関心が向けられていたと言ってよいだろう。[*62]

先に見た対仏商船保護宣言によって独仏戦争時にフランス商船が保護されるのはよいとして、イギリス商船はどうなるのか。イギリス側の照会に対してビスマルクは七月二十三日、「戦時における船舶航行の権利に関する一八五六年四月十六日のパリ宣言にある諸規定は、北ドイツ連邦全土において法的に有効であり、今次の戦争に際しては北ドイツ連邦によって確かに尊重されよう」と急ぎ回答した。[*63] すなわち、ドイツ側はイギリス船に対してはパリ宣言の範囲内で対応するとしたのである。双方ともにパリ宣言の調印国である以上、彼の反応は当然のものといえよう。

しかしながら、このときのイギリスの態度は——少なくともビスマルクの眼には——フランス寄りのものであると映っていた。例えば、開戦前夜の七月十八日にイギリス政府が、在独フランス人の保護に乗り出すにあたって、もしドイツ側が要望すれば在仏ドイツ人の保護も引き受ける用意があると申し出たのだが、それに対してビスマルクは、既に在独フランス人の保護を宣言したイギリスに対してドイツの世論が好意的になれるはずがなく、次のようにヴィルヘルム一世に進言している。

わが国が〔イギリス外相〕グランヴィル卿の個人的発言やプレスの記事、そして無謀なフランスの行為から期待するほど、彼の態度はその職務行為において、わが国に対して好意的でないばかりか、中立的ですらないように私には思えます。それ故に私は、イギリスの外交官がここ〔ベルリン〕ではフランスの利益を、そしてパリではドイツの利益を同時に代表するといった、あたかも両者の間に立つ仲裁裁判官のような立場を意のままにするのであれば、わが国はグランヴィル卿の公平中立を当てにすることができないのではと思うのです。[*64]

こうしたイギリスに対する不信感が、先述したように在仏ドイツ人の保護を米国に委ねた要因の一つになったと考えることもできよう。

だが、それだけではなかった。イギリス商船がニューカースルにて北海に展開するフランスの艦隊に石炭を供給するためにチャーターされたばかりでなく、イギリスからフランスに向けて馬や武器弾薬が輸出されているとの知らせが開戦直後からビスマルクの許に舞い込んできたのである。[*65] イギリスは独仏戦争に際して中立を宣言しておきながら、その義務に違反してフランスに戦時禁制品を輸出しているのではないか——七月二十四日にはビスマルクがイギリス政府に対して、そして二十六日にはヴィルヘルム一世がヴィクトリア女王に対してこの件で苦情を申し入れた。[*66] 七月末から八月初めにかけてドイツの世論はイギリスに対して敏感になり、苛立ちと憤りで興奮状態となった。[*67]

これらに対するイギリス側の弁明はどうか。彼らの主張をまとめると、イギリスは決して中立義務に違反したわけではなく、①石炭の輸出は認めるものの、これは戦時禁制品と見なしていない(これについては軍需用か民間用か区別が難しく、戦時禁制品と見なすか否か当時から論争になっていた)、②馬については七月から八月にかけてフランスには五百八十三頭、ドイツとベルギーには四百十三頭輸出している、③武器弾薬に関しては調査の結果、フランスのエージェントがライフルを四千―五千丁購入してサウサンプトンからフランスに送ったことが判明しているが、それ以外の事例は見当たらず戦局に影響を与えるほどではないというものであった。[*68]

そしてイギリスは、八月九日にイギリス国民が守るべき中立義務を明記した女王の布告を通じて、こうした軍需品をはじめ戦時禁制品を積んでいた場合には国際法に基づいて拿捕・罰則を免れないことを明確にすることで、[*69] イギリスがこの戦争に中立の立場をとることを再確認するのであった。

普仏条約案の公表をめぐって

独仏戦争に際してのビスマルクの対英政策を論じるにあたっては、七月二十五日の『タイムズ』紙に掲載された記事に触れないわけにはいかないだろう。

この日は、イギリスのフランスへの輸出物に対してビスマルクがイギリス政府に激しく抗議したその翌日（ヴィルヘルム一世による抗議の前日）にあたるのだが、『タイムズ』紙に「普仏間で提案された条約」と題した記事が掲載された。そこには、フランスが普墺戦争の結果に伴うプロイセンの勢力拡大を認める代わりに、プロイセンはフランスのルクセンブルク獲得を容認し、フランスが北ドイツ連邦と南ドイツ諸邦の合併に反対しない代わりに、プロイセンはフランスがベルギーを軍事占領する場合にはこれを容認するという条文があったのである。日付が明記されておらず、あたかも目前にそれが差し迫っているかのように見せかけているが、これは紛れもなく我々が第一章で見てきた、一八六六年八月にビスマルクとベネデッティの間で作成された普仏条約案であった[*70]（33頁以下参照）。

この記事が大きなセンセーションを巻き起こし、とりわけイギリスを大きく揺さぶることになったのは想像するに難くない。ベルギーは一八三一年のロンドン会議で独立が認められて以来、イギリスの庇護下で独立・中立を維持しており、当時のイギリス首相グラッドストンもベルギーの中立意義をイギリスの重大な責務と感じていたからである。そのため、この記事に慌てたイギリス政府は一八七〇年八月九日にはプロイセンと、その翌々日にはフランスとそれぞれ条約を結び、ベルギーの独立と中立を保障することを双方に確認させたのであった[*71]。

この情報の出所がビスマルクであることはまず間違いないだろう。では、このタイミングでこの条約案を『タイムズ』紙を通じて公表した理由は一体何か。これをめぐっては、先行研究でも意見が分かれるところである。例えば、ドイツの歴史家E・アイクはフランスのベルギーに対する領土的野心を暴露することでイギリス世論を味方につけるための一手であると評価している[*72]。同じくドイツの歴史家E・コルプはフランスへの軍需品輸出に伴うイギリスの中立義務違反の疑いと絡めた上で、この記事を通じてイギリスの親仏姿勢を改めさせ、イギリスを味方につけようとしたと論じている[*73]。ところが、これに対してアメリカの歴史家D・ウェッツェルは異論を唱える。彼によれば、健康問題もあってこの戦争に乗り気でないナポレオン三世が（イタリア統一戦争時のように）ベルギーを交渉カードにして早期講和してくる可能性があったため、そうはさせず、もはや後戻りできないようにすべくこの条約案を公表したというのである。[*74]

D・ウェッツェルの主張にも一理あるように思われる。彼が論拠で挙げているように、ビスマルクは開戦直後の七月二十日、ナポレオン三世が戦争を欲していないことから調停の可能性がまだ残っていることを承知しつつも、「わが国はもはや後戻りはできない」と駐英大使ベルンシュトルフに言明し、可能な限りそれに向けた試みを防ぐよう命じているからである。[*75] また、ウェッツェルの研究では示されていないのだが、ベルリン駐在イギリス大使ロフタスが開戦直後の七月二十日付でイギリス外相グランヴィルに送った第六十二号秘密報告によると、ビスマルクがその前日の晩に友人を介してフランスのエージェントからある提案を受け取ったこと、その提案とは「もしプロイセンがベルギーをフランスに保証するのであれば、バイエルンを含む南ドイツをプロイセンが併合することを認め、これにて戦争は回避できるであろう」というものであったこと、これに対してビスマルクは怒りを露《あらわ》にして到底受け入れられないと述べたというのである。[*76]

ここからも、ウェッツェルが論じるような、独仏戦争勃発直後にベルギーをフランスに保証することで早期講和を模索する動きはあったと見てよいだろう。普仏条約案の『タイムズ』紙への公表は確かに、ナポレオン三世や早期講和を望むフランス側の一部勢力に、もはや後戻りできないと思わせるだけの効果があったと見ることができるかもしれない。しかしながら、この見方ではナポレオン三世を追い詰めるためにわざわざイギリス世論に働きかけたことになり、「エムス電報」で独仏世論を沸騰させたビスマルクにしてはいささか迂遠《うえん》なやり方ではなかろうか。言い換えると、この見方ではビスマルクが条約案の暴露先に『タイムズ』紙を選んだ必然性が見えづらいのだが、この点に対してウェッツェルは何も説明していない。

結局のところ、イギリスが当時重視していたベルギーの安全保障にかかわる普仏条約案が他ならぬ『タイムズ』紙に公表されたことから、これが（ナポレオン三世ではなく）――アイクやコルプが主張するように――イギリス政府と世論に向けられたビスマルクの一手として評価するのがむしろ自然であろう。彼が開戦直後の時点でイギリス世論に対してそのように働きかけなければならなかったのは何故か。先述したように、このとき彼はイギリスからフランスへの軍需品の輸出（中立義務違反）に激しく抗議している点を踏まえると、イギリスからフランスへの軍需品の流れを止めるべく、『タイムズ』紙に普仏条約案を公表して直接イギリス世論に訴えかけて味方につけようとしたと見るべきではなかろうか。

四　義勇海軍の創設――フランス海軍への対策③

一八七〇年七月二十四日付ヴィルヘルム一世勅令

フランスとの開戦にあたり、ビスマルクが対仏商船保護宣言を通じて――それがどの程度効果的であったかはさておき——ドイツ商船をフランス海軍から守ろうとする一方、海軍の側では開戦翌日の七月二十日、彼我の戦力差を少しでも埋めるための対策を打ち出した。それが「義勇海軍」（Freiwillige Seewehr）なるものであった[77]。

それは一体どのようなものなのだろうか。義勇海軍の創設を命じたヴィルヘルム一世の七月二十四日付勅令には次のようにある。

一、ドイツ中の船乗り並びに船舶所有者に対して、自分たちの持っている力と然るべき船舶を祖国に供することを公式に呼びかけること。その際、次の条件の下とする。

a 〔祖国に〕供される船舶が意図された目的に適しているか、海軍将校二名と造船技師一名から構成される委員会にて審査・査定される。「可」と判断された場合には、船舶所有者は直ちに査定価格の十分の一を支度金として受け取り、それでもって志願してきた乗員を必要な分、直ちに雇い入れなければならない。

b かくして集められた高級船員（Offiziere）と乗組員は、戦時には北ドイツ連邦海軍の配属となり、制服と階級章を着用、その資格を受領し、軍人服務規程に宣誓しなければならない。高級船員はその階級の辞令を受け取り、特に勤務が良好な場合には、彼らが望むのであれば正式に海軍に雇われるという保証を受けることになる。高級船員と乗組員は、職務中に自らの落ち度がないにもかかわらず就業できなくなった場合には、北ドイツ連邦海軍の規定に基づいた年金を受け取るものとする。
二、雇い入れられた船舶は、北ドイツ連邦の軍艦旗を掲げて航行すること。
三、同船舶は、北ドイツ連邦海軍によって武装され、与えられた任務にふさわしい装備が施されること。
四、祖国の任務の故に船が沈没した場合には、所有者に査定価格の全額が支払われること。戦後に無傷で所有者の元に戻ってきた場合には、契約時に支払われた保険料が契約料となる。
五、敵の船舶を拿捕するか壊滅することに成功した船舶には、相応の報奨金が支払われること。装甲フリゲート艦の場合は五万ターラー、装甲コルベット艦もしくは衝角艦（Widder-schiff）の場合は三万ターラー、装甲浮き砲台艦（Panzerbatterie）の場合は二万ターラー、スクリュー船（Schraubenschiff）の場合は一万五千ターラー、スクリュー艇（Schraubenfahrzeug）の場合は一万ターラーとする。この報奨金は該当する船舶所有者に支払われ、彼らには乗組員を募集するに際して与えられるべき報奨金の取り分について取り決めることが委ねられる。
六、広報並びに受付当局としては次の通りとする。
a　ヴィルヘルムスハーフェン、キール、ダンツィヒの造船所
b　ゲーシュテミュンデとシュトラールズントの海軍兵站所《へいたんしょ》（Marinedepots）

c　ハンブルクのヴァイクマン海軍大佐

各自、これに基づいて適切なやり方で追加措置を取ること。[*78]

ここから見て取れるように、義勇海軍とは民間から船舶と（船長や航海士、機関士といった）高級船員並びに乗組員を募集し、これらを北ドイツ連邦海軍の下で武装して活用しようというものである。これについて海軍は運用にあたって、船舶と高級船員並びに乗組員を調達するのはあくまでも船舶所有者の側であること、海軍当局はこれらを管理して武装するに留め、あとは実戦指揮官に委ねる点に留意するよう指示している。[*79]

かくして補助戦力として集められた船舶を海軍は沿岸防衛のために、「水雷攻撃任務」（Offensiv-Torpedo-Dienst）に用いようとした。ここでいう水雷攻撃が「外装水雷」を指すのか、それとも「曳航水雷」を指すのかについては判然としないが、[*80] それでもって北ドイツ沿岸に対してなされるであろうフランス海軍による海上封鎖を破るべく特攻をかけるというものであったことは、既に先行研究が示す通りである。[*81]

この勅令は翌日、新聞各紙に掲載すべく編集部に送付された。[*82]

フランスの抗議

この義勇海軍をめぐっては、それが民間船と民間人から構成されているが故に、フランスがこれを問題視した。

フランス側の主張によれば、義勇海軍として調達される船舶は民間船であり、しかも船主によって上級船員や乗組員が調達されているところから、これは北ドイツ連邦海軍に属しているとは見なせず「私掠活動の復活」(le rétablissement des corsaires) であると主張した。しかも、これは攻撃的な目的で外国での船舶購入を奨励するものであり、現にイギリスや米国で「敵対的な意図で」船舶を購入しようとする動きが見られるだけに、事は深刻だというのである。したがって、この義勇海軍は一八五六年のパリ宣言に違反するものであるとして、フランス側はその主張を八月十二日付で各国駐在大使/公使に伝達したのであった。[*83] この件で鍵を握ると思われるイギリス政府に対しては、駐英フランス大使ラ・ヴァレットが八月二十日付で口上書を作成・手交している。[*84]

これに対してイギリス政府は法務省に照会した上で、八月二十四日に回答を示した。それによれば、義勇海軍の船舶は「事実上プロイセン政府の任務に就いている」ものであり、その乗組員は「北ドイツ連邦海軍に属す乗組員と同じ規律下にある」として、海軍の一部であるからには、義勇海軍は私掠活動とは「実質的に異なるもの」(substantial distinctions) と結論付けている。

そしてプロイセンがパリ宣言に違反しているというフランスの主張を退けると同時に、ドイツ側にもその旨を伝えてパリ宣言に違反しないよう忠告したのである。[*85]

ちなみに、アメリカの海事史家スタークは、義勇海軍は海軍によって艤装され、その指揮下に属することからその公的な性格を強調し、やはりこれを私掠船と位置付けることはできないとして、イギリス側の判断を支持している。[*86]

ドイツ側がイギリス政府の回答に満足したのは言うまでもない。そして改めて、ドイツ側はパリ宣言を遵守すること、義勇海軍の目的はあくまでも防衛的なものであることを強調したのであった。[*87]

義勇海軍の実態

さて、この義勇海軍は実際にどの程度集まり、そして活躍したのであろうか。

例えば、一八七〇年八月六日付のハンブルク当局からの報告によると、「水雷攻撃任務」に適している四隻の船舶が報告されているのだが、その特徴をまとめると、十人前後で動かせる蒸気スクリュー船（Schraubendampfer）であった。[*88]ちなみに、ヤッハマン海軍中将は蒸気船の方が前哨《ぜんしょう》任務や曳航において有用であると重視していた。[*89]この断片的な事例でもって義勇海軍の全体像とするのはいささか困難だが、少なくともその一端を垣間見ることはできよう。

プロイセン参謀本部戦史課が後日まとめた『独仏戦史』には、「蒸気水雷艇」十四隻と「漕行水雷艇」七隻(14 Dampf- und 7 Ruder-Torpedo-Boote)が北海沿岸、ヴェーザー河口並びにエルベ河口の防衛に協力し、その乗組員には主として義勇海軍が用いられたという記述が見られる。[*90] 実際にどのくらいの数の船舶と人員が集まって義勇海軍が構成されていたのか、その全体像については著者が確認できた史料や先行研究のどれを見ても判然としないのだが、この記述からその規模は恐らく三十隻にも満たなかったように思われる。

ドイツ人の愛国心に訴えたものの、それでも義勇海軍がそれほど集まらなかったという点については、先行研究による評価と同じである。その理由については、アメリカの海軍史家ソンドハウスやカナダの海事史家オリヴィエは、義勇海軍の「水雷攻撃任務」が船主に不評であったからだとしているが、[*91] どうもそれだけではなさそうだ。

ヤッハマンと海軍省のやり取りから見えてくるのは、義勇海軍の志願者は多数いたようだが、彼らが海軍当局に直接志願してきたため、(乗員を集めるのは船舶所有者とする)義勇海軍の条件を満たせないという事態が発生、なかには実現に至らないところもあったことである。開戦の時点で沿岸防衛に割く人員も不足していた状況に鑑み、ヤッハマンは義勇海軍創設に関する七月二十四日付のヴィルヘルム一世の勅令を、沿岸防衛に従事するための志願水夫を集めるものであると拡大解釈して、直接志願してきた人々のなかから心身共に適したものを必要に応じて直ちに受け入れ、義勇海軍の募集に応じようとする船舶所有者に提供していたのである(彼らの俸給をめぐっては後日混乱が生じている)。[92] こうした募集に伴う条件も、義勇海軍がなかなか集まらなかった一因として考えられよう。

このような事情もあってか、義勇海軍がまったくと言っていいほど戦果をあげていなかったという点では先行研究の主張は一致している。[93] 先述したソンドハウスによれば、集まった義勇海軍のうち北海に面したヴィルヘルムスハーフェンの軍港に配置されたものも、一度出撃が試みられたが杜撰《ずさん》な計画のために失敗に終わったようである。[94]

また、(詳しくは次章で論じるが) フランス海軍による北海並びにバルト海沿岸の海上封鎖が一八七〇年九月半ばに解かれていたことから、義勇海軍を投入する機会もさほど多くはなかったと言ってよく、早くも十月には解散してもよいのではないかとの意見が出ていた。これに対してヤッハマンは十月十四日、沿岸警備の観点から義勇海軍を即刻解散することは許されるものではないと海軍省に訴えた。特に彼は漕艇よりも蒸気船の方が有用であるとして、停戦に至るまではそれを手放そうとはしなかったのである。[95]

実際に義勇海軍が解散し、船舶が所有者に返還されたのは、ヴェルサイユ仮講和条約締結後の一八七一年三月九日のことであった。[96]

以上、独仏戦争が現実のものとなったときに、戦力差の著しいフランス海軍に対抗すべくビスマルクと北ドイツ連邦海軍が講じた三つの対策について見てきた。米国にて軍艦が調達できない以上、彼らがドイツ商船を守るには、既存の国際ルールを改定して戦時における公海上の私有財保護をさらに徹底させる以外に方策はなかった。いや、むしろそちらの方が、米国で軍艦を（一隻）調達するよりも、はるかに効果的な戦略であったと評価できるかもしれない。しかもそれは米国が主張する「マーシー修正案」に相当するものであるが故に米国の支持が期待でき、決して実現可能性が低いわけではなかった。また、相互主義の観点からフランスも同様の措置を採ってくれるかもしれなかった。かくしてパリ宣言の内容を上回る対仏商船保護宣言が出され、それを一般的な国際ルールにしようと試みたのである。だが、そのような思惑にフランスは乗ってこず、ビスマルクの期待は見事に裏切られた。その一方で、沿岸防衛力を少しでも上げるべく義勇海軍を募ったものの、実際には思うように船舶が集まらず、沿岸防衛にどの程度貢献したかは怪しいものであった。

そのような状況を前に、フランス海軍は北海・バルト海のみならずグローバルな規模で跳梁し、ドイツ側を大いに悩ませることになるのである。それについては次章以下で見ていきたい。

第四章

北ドイツ沿岸の戦況

一八七〇年七月十九日にフランスの宣戦布告で独仏戦争が勃発したのだが、その概観はおおよそ次のようになるだろう。

戦争が始まると、南ドイツ諸邦の加勢を得たプロイセン軍主体のドイツ軍は序盤で勝利を収め、そのまま戦争を優位に進めていった。九月初めにセダンの戦いでナポレオン三世を捕虜とし、早くも同月後半には首都パリを攻囲した。その間にフランスでは第二帝政が崩壊して臨時国防政府が成立、ドイツ側が提示する(アルザス・ロレーヌ割譲を含めた)講和条件を拒んで徹底抗戦の構えを見せた。しかしながら、フランス各地で小規模な戦闘があったものの趨勢《すうせい》は変わらず、翌一八七一年一月二十八日にパリ陥落・停戦、二月二十六日にヴェルサイユ仮講和条約が結ばれ、五月十日に結ばれたフランクフルト講和条約をもってこの戦争はドイツの勝利で幕を下ろした。この戦争では終始陸戦が主体であり、海戦が戦局に大きな影響を与えることは終になかった。

だが、戦争の序盤（開戦から約二カ月の間）では、フランス海軍が北海・バルト海に出撃して北ドイツの沿岸を脅かし、ドイツ側を悩ませていた。本章では、この期間における北海・バルト海での戦局を概観しながら、北ドイツ連邦海軍がフランス海軍にどのように対抗したのかについて見ていくことにする。その際、ここでは特にバルト海での動きに注目したい。何故ならば、そこに展開していたフランスの艦隊に、ドイツ側がパリ宣言を引合いに出して外交的に対抗しようとしたからである。それは一体どのようなものであったのだろうか。

まずは、開戦に伴う独仏双方の海軍の動きを確認しておこう。

フランス艦隊出撃

七月二十四日午後、皇后ユジェニが見守るなか、ブーエ゠ヴィヨーメ海軍中将率いる艦隊が、英仏を隔てるイギリス海峡に面する軍港シェルブールを出港した。司令官のブーエ゠ヴィヨーメはこのとき六十二歳、アフリカでの豊富な経験を持ち、クリミア戦争にも従軍したことのあるベテランである。旗艦《きかん》〈シュルヴェヤント〉(Surveillante) をはじめ装甲フリゲート艦五、〈テティス〉(Thétis) を含む装甲コルベット艦二、通報艦一から成るこの艦隊の目的は、北海に展開するドイツ側の艦隊を牽制しつつ、バルト海に侵攻することにあった。[*1]

その二日後の七月二十六日、フリション海軍中将率いるフランス地中海艦隊が、ブルターニュ半島にある軍港ブレストに寄港した。フリションはこのとき六十一歳、艦隊勤務が長いベテランである。装甲フリゲート艦〈マニャニム〉(Magnanime) を旗艦とするこの艦隊は八月七日に出港、途中シェルブールを出港した装甲フリゲート艦〈アンヴァンシブル〉(Invincible) 等を交え、装甲コルベット艦と通報艦を含む十二隻でもって北海へ向かった。[*2]

第二章で紹介したように、当時のフランス海軍が (プロイセン参謀本部がまとめた『独仏戦史』によれば) 帆船を除いても二百七十五隻を有していたことを考慮すると (63頁参照)、このとき北海・バルト海に出撃した軍艦の数が意外に少ないことに気づく。この点については先行研究が指摘するように、フランス海軍の準備が十分に整っていなかったことや、[*3] シェルブールやブレストからまだ出港できない軍艦があったこと、(詳しくは第五・六章で述べるが) 当時フランス海軍が東アジアをはじめグローバルな規模で艦隊を展開させていたために、全兵力をその海域に向けることができなかったことなどが、その理由として考えられよう。

ちなみに、フランス側には当初、開戦に際してプロイセン陸軍の後背を脅かすべく約三万の兵を北ドイツ沿岸に上陸させる作戦計画があったことが、先行研究によって指摘されている。上陸部隊はシェルブール近郊に集結、その輸送にはラ・ロンシェール゠ル・ヌーリ海軍中将指揮下の艦隊がこれに当たるはずであった。[*4]だが、これが実現することはなかった。八月初めに計画が中止されたからである。その理由については、ドイツ陸軍の進軍・展開の早さを指摘するものもあるが、アメリカの軍事史家G・ワウロは、この作戦のカギを握るフランス地中海艦隊が七月初旬にマルタ島にあったために開戦に間に合わず機を逸してしまったこと（先述のようにこの艦隊がブレストに到着したのが開戦一週間後の七月二十六日）、艦隊の指揮権をめぐって内輪もめがあったこと、そしてフランスが当てにしていたデンマークが参戦せず中立の立場をとったことを挙げている。[*5]いずれにせよ、これによってドイツ陸軍が背後の憂いなく戦争を遂行できたことは間違いない。

なお、ドイツ側は遅くとも八月四日の時点で、フランスのバルト海遠征艦隊とシェルブールにまだ留まっている艦隊には上陸部隊が伴っておらず、いずれもドイツの沿岸を奇襲する程度の地上戦力しか有していないことを把握しており、上陸部隊の動向を警戒していた。[*6]

北ドイツ連邦海軍の対応

こうしたフランス側の動きに、プロイセン主体の北ドイツ連邦海軍はどのように対応したのだろうか。

第二章で既に紹介したように、当時の北ドイツ連邦海軍の総数は四十七隻（63頁参照）、そのうち修理中で出撃できないものや、（詳しくは第五章で述べるが）東アジア等に派遣している軍艦もあったため、このとき北ドイツ沿岸に展開できた軍艦は三十隻といったところであった。しかも、これを北海とバルト海に分散させねばならない。

装甲フリゲート艦〈クロンプリンツ〉

このときの北ドイツ連邦海軍の総司令官は、ヴィルヘルム一世の従弟でプロイセン海軍の創設に尽力したアーダルベルトであった。だが、彼は大本営に詰めていたため、北海方面の艦隊指揮はヤッハマン海軍中将に、そしてバルト海方面の艦隊指揮はヘルト海軍少将に委ねられた。ヤッハマンは彼我の戦力差に鑑み、フランス海軍に対しては専ら防衛を主としつつ、局面に応じて主力の装甲フリゲート艦〈ケーニヒ・ヴィルヘルム〉〈フリードリヒ・カール〉〈クロンプリンツ〉の三隻でもって攻勢に転じる基本方針を立てた。[*7] それに基づき、ヤッハマン自らこれら三隻を率い、その他砲艦三隻を含む合計六隻を、北海に面する軍港ヴィルヘルムスハーフェンの出入り口にあたるヤーデ湾を防衛すべく配置した。但し、このうち〈ケーニヒ・ヴィルヘルム〉と〈フリードリヒ・カール〉は機関部や動力部の修理が開戦に間に合わず、作戦行動において制約を受けてしまう。*8 エルベ河口の防衛には装甲艇〈プリンツ・アーダルベルト〉に加え、バルト海の軍港キールから装甲艇〈アルミニウス〉を呼び寄せ、合計五隻をこれに充《あ》てた。その他にもエムス河口の防衛には砲艦二隻を充てた。

かくして、ヤッハマンは七月末の時点で、先述した戦力の約三分の二にあたる十九隻、主力となる装甲艦を全て北海沿岸に分散配置した。*9 そのため、バルト海に展開できる軍艦は十一隻となった。これらの配置を見ると、ヘルト海軍少将指揮下の艦隊（戦列艦〈リナウン〉(Renown)、コルベット艦〈エリーザベト〉、砲艦三、通報艦一）がキール軍港の防衛に当たり、ヴァルダーゼー海軍少佐率いる分艦隊（砲艦三、王室船〈グリレ〉）がバルト海沿岸の哨戒任務に就き、ダンツィヒの防衛にはコルベット艦〈ニュンフェ〉(Nymphe) が当たることになった。*10

しかしながら、これだけでは沿岸防衛として決して十分なものとは言えなかった。そこで各地の沿岸には多数の砲台を、そして河口には機雷やバリケードを敷設して、フランスの艦隊を迎え撃とうとした。また、開戦時にはフランス海軍による上陸作戦に対応するために、歩兵第十七師団がリューベックとノイミュンスターに、後備第二師団がオルデンブルク並びにブレーマーハーフェンに、後備近衛師団（Die Garde-Landwehr-Division）がニーダーザクセンのツェレ=ユルツェンに、後備第一師団はヴィスマル並びにリューベック付近に派遣され、メクレンブルク=シュヴェリーン大公国軍の司令部がハンブルク近郊に設けられた。そしてこれとは別に、デンマーク戦争や普墺戦争でも功績のあったファルケンシュタイン歩兵大将がドイツ沿岸防衛総督に任命され、ハノーファーにて約九万の兵とともにフランス軍の動きに備えたのである。[*11] だが、先述のようにフランス海軍による上陸作戦のおそれがなくなると、これらの部隊は沿岸防衛の任を解かれ、メス（独名メッツ）をはじめフランスの前線に向かうことになる。[*12]

バルト海での戦局（七―八月）

七月二十四日にシェルブールを出港したブーエ゠ヴィヨーメ艦隊は、独艦に遭遇することなく二十八日にはユトランド半島北端を廻り、七月末にコペンハーゲン沖に投錨した。ここで本国からの指令を受けたブーエ゠ヴィヨーメ艦隊は、事前にコペンハーゲンに派遣していた将校と合流した後、デンマークの水先案内人を雇ってバルト海奥深くに進攻、八月五日にはキール軍港の沖合に姿を現し、九日にはシェラン島東岸のケーエ湾に移動してそこを拠点とした。[*13]

そこで上陸部隊派遣中止の報を受けたブーエ゠ヴィヨーメは、港湾都市ダンツィヒもしくはコルベルク（現在のポーランド領コウォブジェク）への砲撃と海上封鎖の継続であれば実行可能であると判断、これを実行に移すべく艦隊を二手に分け、ブーエ゠ヴィヨーメ率いる直属艦隊がリューゲン島の東側に、そして残りの艦隊が西側に移動することになった。[*14] このとき彼は、八月十九日付で北ドイツのバルト海沿岸の海上封鎖を宣言するのだが、[*15] 詳しくは後述するように、果たして実際にフランスの艦隊が海上封鎖をしていたのかをめぐって、後日問題となるのであった。

ちなみに、それまでは独仏双方の軍艦による戦闘は見られなかったのだが、ここへきてはじめて双方が砲火を交える場面があった。八月十七日、ヴァルダーゼー海軍少佐が指揮する分艦隊のうち王室船〈グリレ〉が、メン島の南方を航行するフランスの通報艦〈ジェローム・ナポレオン〉を発見して砲撃を加えた。しかしながら、そこにブーエ゠ヴィヨーメの直属艦隊が現れたために〈グリレ〉は退却、フランスの艦隊の追撃を受けたものの、味方の増援を受けながら何とかリューゲン島北端のポストハウス・ヴィットウ（Posthaus Wittow）に避難することができた。フランスの艦隊はその後さらに東へ向かい、八月二十一日にはダンツィヒ北西部のプッツィガー湾（現在のポーランド領プック湾）に進入して停泊すると、そこへダンツィヒ防衛に当たっていたヴァイクマン海軍少佐が指揮する北ドイツ連邦のコルベット艦〈ニュンフェ〉が同日夜半に夜襲をかけ、砲撃を加えると速やかに帰投したのであった。*16

このように、バルト海で見られた独仏間の戦闘はいずれも小規模なものに止まり、双方ともに致命的な損害を受けたわけではなかった。それどころか、このような戦闘そのものがバルト海では極めて稀であった。その理由については、先述したようにドイツ側が守勢に徹してフランスの艦隊との正面対決を避けていたことや、フランス側では補給線の長さも祟って石炭の補給が満足に受けられず（これは北海に展開するフリション艦隊にも当てはまることだが）艦隊行動が制約を受けていたことが挙げられよう。*17

北海での戦闘（八月）

他方、フリション艦隊が北海に到着して作戦行動に移ったのは、八月十二日のことであった。当時イギリス領であったヘルゴラント島の沖合を拠点としたフリションはこの日、北海に通じるドイツの四河川（アイダー川、エルベ川、ヴェーザー川、ヤーデ川）を含む北ドイツの北海沿岸に対する海上封鎖を八月十五日から行う旨宣言した。*18 だが、こちらも後述するように、天候不良の問題もあって、フランスの艦隊が実際にどこまで海上封鎖できていたかは疑わしいものとなっている。

先述したように、ヤッハマンは七月末の時点で北ドイツ連邦海軍の主力艦全てを含む十九隻を北海に分散配置していたが、八月に入るとそのうち十四隻をヤーデ湾に集結させて、フランスの艦隊に対抗しようとしていた。*19 しかしながら北海では、独仏両海軍による戦闘は、バルト海で見られたような小競り合いすら見られなかった。ヤーデ湾に通じるヴァンゲローゲ水道に仏艦が哨戒目的で二、三日おきに接近すると、ヤッハマンはこれを迎撃するために装甲艇〈アルミニウス〉を出撃させるのだが、仏艦がこれに応じず撤退したため戦闘行為には至らなかった。*20 一説によれば装甲フリゲート艦〈クロンプリンツ〉が出撃することもあったようだが、こちらも仏艦と戦闘らしい戦闘には至っていない。*21

この間、フリション艦隊はヘルゴラント島沖に停泊していた。当時ヘルゴラント島の総督を務めていたマクスは、クリミア戦争での従軍経験もあったことから親仏的な人物であり、ドイツ側はイギリスが中立義務を犯してフリション艦隊の補給を支援しているのではないかと疑っていたようである。[22] イギリス側は当然これに反発しているが、いずれにせよ北海に展開するフリション艦隊は、バルト海に展開するブーエ＝ヴィヨーメ艦隊と同様に補給に苦しんでおり、特に八月末から九月初めにかけては悪天候も災いして一層補給が困難な状態に陥っていた。[23]

実力を伴う海上封鎖？

かくして北海でもバルト海でも独仏双方の軍艦が砲火を交えることは稀であったが、フランス海軍による北ドイツ沿岸の海上封鎖は続いていた。先述したように、八月十二日にはフリションによってドイツの四河川の河口を含むドイツの北海沿岸が八月十五日から「わが方の指揮下にある艦隊による実力を伴う海上封鎖下にある」（en état de Blocus effectif par les forces navales placées sous notre commendement）と宣言され、[24] 他方ブーエ＝ヴィヨーメによってバルト海沿岸が八月十九日から海上封鎖下にあると宣言されていた。[25] これによって、北ドイツ諸港への船舶の出入港は著しく制限されるはずであった。

ところが、フランス海軍による海上封鎖をめぐっては耳を疑うような情報が寄せられた。八月二十二日、ベルリン駐在アメリカ公使バンクロフトはハンブルクから得た情報に基づき、フランスによるエルベ河口の海上封鎖は実力を伴っていない可能性があると本国に報告しているのである。[26]さらに彼は九月一日、ケーニヒスベルク駐在アメリカ領事からの報告に基づき、バルト海におけるフランスの海上封鎖は実力を伴うものではないと本国に伝えている。[27]

これはアメリカの外交筋に限った話ではなかった。ベルリン駐在イギリス大使ロフタスも同様の報告をしている。彼は八月二十六日、プロイセン東端の港湾都市メーメル（現在のリトアニア領クライペダ）では海上封鎖がなされていないこと、数隻の船舶がフランスの海上封鎖宣言後もバルト海の港湾都市スヴィーネミュンデ（現在のポーランド領シフィノウイシチェ）に入港できた（しかも仏艦が目撃されなかった）ことを本国に報告しているのである。[28]

フランス海軍は実際にはバルト海沿岸を海上封鎖していないのではないか。

プレスでも取沙汰されているこの事態に、ベルリンでビスマルクの留守を預かる北ドイツ連邦宰相府長官デルブリュックが事の真相を確認すべく動いた。[29]彼は九月一日、「〔フランス海軍による〕バルト海沿岸諸港の海上封鎖が、一八五六年四月十六日のパリ宣言第四条でいうところの実力を伴うものではないこと」を中立国に向けてはっきりさせることは「ドイツの利益」になるとして、バルト海沿岸諸港の当局に対して、①仏艦の目撃情報の有無、②中立国の船舶の入港の有無の二点を確認するよう外務省に依頼したのである。[30]ちなみに、デルブリュックはこのとき、中立国のいずれかにドイツ側の利益になるような何らかの措置を取ってもらおうとは考えておらず、「口先だけの海上封鎖（Papierblokade）」によって生じた損害に対して、連邦は法的に有効な海上封鎖がなされていないことを世界中が見ている前で確認することで責任を果たしたい」とするに留めている。

実態調査へ

宰相府からの要請を受けた外務省は九月四日、バルト海におけるフランス海軍による海上封鎖の実態調査に動き出した。フランスが海上封鎖を宣言した八月十九日からこの日までに仏艦を目撃したか、中立国の船舶がフランス側の特別な許可なく、また仏艦に遭遇することなく入港しているのかについて、シュレースヴィヒ、シュトラールズント、シュテッティン（現在のポーランド領シュチェチン）、ケスリーン（現在のポーランド領コシャリン）、ダンツィヒ、ケーニヒスベルクの当局に直ちに調査するよう打電したのである。[*31]

九月八日までに寄せられた各地からの報告をまとめると、場所によっては仏艦が目撃されず、中立国の船舶も自由に行き来できていることが明らかとなった。まずは①仏艦の目撃情報について具体的に見ていきたい。照会期間に仏艦が断続的かつ頻繁に目撃されたと報告してきたのはシュレースヴィヒからであった。ここからはバルト海のみならず、北海に展開する仏艦も目撃されているのだが、バルト海のフェーマルン島に焦点を当てると、八月下旬から九月四日までの間に五日、平均すると三―四隻の仏艦が目撃されている。[*32] シュトラールズントからの報告を見ても、一―五隻の仏艦が毎日ではないものの断続的にリューゲン島から目撃されている。[*33] ところが、ダンツィヒからの報告では八月下旬に一―四隻の仏艦を目撃したのはわずか三日、ケスリーンからの報告ではわずか二日、シュテッティンからの報告ではスヴィーネミュンデではわずか一日（しかもたった一隻）しか目撃されておらず、[*34] ケーニヒスベルクからの報告に至っては、メーメルでは照会期間に仏艦は全く目撃されなかったというのである。[*35]

次に、②照会期間中にバルト海沿岸諸港に出入港できた中立国船舶について見ていこう。最も多かったのがピラウ（現在のロシア領バルチースク）で十隻（八月十九―二十二日）、次に多かったのがダンツィヒに近いノイファールヴァッサー（現在のポーランド領ノビ・ポルト）で八隻（八月二十一・二十五・二十六日）であり、それ以外の港湾にも一―二隻入港できたという。ちなみに船舶の国籍を見てみると、ノルウェー＝スウェーデン（当時は同君連合）が多く、イギリスと米国、デンマーク、オランダの船舶も見出せる。[*36]

これらの情報をまとめると、ブーエ＝ヴィヨーメ艦隊が展開していたのはユトランド半島からダンツィヒまでの海域であり、そこからさらに東では仏艦は目撃されておらず、海上封鎖も場所によっては実力を伴うものではなかったか、たとえ実力を伴っていたとしても十分なものではなかったということになるだろう。これではパリ宣言第四条にあるような「実力を伴う」海上封鎖とは到底呼べず、フランスはパリ宣言に違反しているとドイツ側が評価しようとしたのも――自国の海軍力がフランスに到底及ばないという事情も考慮すると――無理からぬことであった。北ドイツ連邦外務長官ティーレは九月十二日、フランス海軍によるバルト海の海上封鎖をそのように評価した。その上で彼はイギリス、ロシア、イタリア、オーストリア、米国に駐在する大使／公使に対して、このことをそれぞれの政府に伝えるよう指示したのであった。但し、各国政府に通達するに際して、ティーレはこれを何かの提案と結びつけるようなことはせず、フランスへの対応については各国に任せるよう注意している。[*37]

ちなみに、このようなドイツ側の見解は（少なくともこの時点では）ベルリン駐在イギリス大使ロフタスや同アメリカ公使バンクロフトにも共有されていた。ロフタスは九月十四日、フランスの艦隊はもはや北海とバルト海で海上封鎖をしておらず、フランス政府は封鎖解除を宣言するか、中立国船舶の没収はもはや合法とは見なされない旨宣言すべきであると外相グランヴィルに報告した。[*38] そして、それを受けてイギリス政府はその翌日、第二帝政崩壊後に成立したフランス国防政府に確認を求めたのである。[*39] バンクロフトも九月二十二日付報告の中で、ピラウに入港したアメリカ船の船長の供述書に基づいて、バルト海でのフランスの海上封鎖は実力を伴うものではなかったと結論付けている。[*40]

また、これは翌一八七一年一月に提出された報告を見ると（詳しくは第六章で論じるが、一八七〇年十二月末にビスマルクがこの件についてバルト海に面する各港湾都市の当局に改めて調査を命じている。[*41] 199頁参照）、同年八月十五日から九月二十二日までの期間にリューベックの出入口にあたるトラーフェミュンデを出た船舶は四十八隻、そこに入った船舶は二十隻あり、その詳細なリストが提出されている。[*42] また、コルベルクでは九月四日以降（報告がなされる翌七一年一月十一日まで）仏艦は目撃されず、その間に四十二隻の船舶が入港できたというのである。[*43]
フランス海軍は、パリ宣言の規定に基づいてバルト海沿岸を実際に海上封鎖しているのか。あるいは封鎖は実力を伴っておらず、パリ宣言に違反しているのか。それとも封鎖は既に解除されているのか――。右のような実態に直面して、疑惑は九月に入ると日を追うごとに強まっていった。それは中立国にとっても同様であり、イギリス政府がこの件で九月十五日にフランス政府に照会したことは先述の通りである。

フランス艦隊撤退（九月）

だが、それも長くは続かなかった。

九月二日にセダンの戦いにてフランス軍が敗れ、皇帝ナポレオン三世が捕虜になると、戦局は大きく変化した。北海に展開していたフリション艦隊は、ドイツ側が外交的措置に訴える前日の九月十一日に海上封鎖を解除して（とはいってもフランス海軍による海上封鎖の解除をめぐっては、ドイツ側のみならず中立国各国がそれを確認するのに数日を要している）、[*44] シェルブールに帰投することになったのである。同日、ヤッハマンが装甲フリゲート艦三隻を率いてヘルゴラント島方面に出撃したときにはフリション艦隊の姿は既になく、ここに北海での戦闘はひとまず幕

セダンの戦い後のビスマルク（中央に立つ人物）とナポレオン3世（馬車上で身をかがめる人物）（W.カンプハウゼン画）

を下ろした。

但し、例えば十月上旬には十隻以上から成るフランスの艦隊がヘルゴラント沖に出撃するなど、*45 その後も仏艦はヤーデ湾の独艦を監視すべく出没しており、さらには（第六章で詳述するが）ドイツ商船がこの後仏艦に襲われるケースも散見されるため、これでもって北海におけるフランス海軍の脅威が完全に消え去ったわけではなかった。*46

他方、バルト海に展開するブーエ＝ヴィヨーメ艦隊の方はどうであろうか。フランス国防政府が戦闘継続を命じていたため、艦隊は九月半ばになってもバルト海に留まっていた。そしてコルベルクを砲撃しようとするものの、暴風の故にケーエ湾への撤退を余儀なくされるなど、作戦は順調には進まなかった。

先述したように、このときドイツ側のみならず各中立国においても、バルト海におけるフランス海軍による海上封鎖は実力を伴って行われていないのではないかとの疑惑が持たれていた。ダンツィヒ商人の代表団は九月十七日、フランス海軍による海上封鎖が実力を伴うものではなく、フランスがパリ宣言に違反しているため、北ドイツ連邦宰相府がこの事実を公表して対応してほしいと訴状を送っている。*47 確かにフランスの艦隊はバルト海に展開していたが、果たして実際に海上封鎖をしていたのかについては、この時点では疑惑は解消されていなかった。

あるいは、北海でのフリション艦隊のように、ブーエ゠ヴィヨーメ艦隊も既に海上封鎖を解除していたのではなかろうか。これについては当時ささやかな混乱が見受けられ、フランス海軍省に確認を求める動きが見られた。九月十九日、フランス海軍省人事部長ドルノア海軍少将はフランス外務省からの照会に対して、九月十一日にバルト海の海上封鎖が解除されたとあるが、それはバルト海ではなく北海の方であると指摘した上で、「〔九月〕十六日付のバルト海からの最新の知らせによれば、艦隊の総司令官〔ブーエ゠ヴィヨーメ〕は〔バルト海の〕海上封鎖の解除をまだ通知していないとのことです」と回答している。*48 先に見たダンツィヒ商人の代表団による訴状も踏まえると、九月十七日の時点ではブーエ゠ヴィヨーメは海上封鎖の解除を宣言していなかったことになるだろう。

結局のところ、その点が判然としないままブーエ゠ヴィヨーメ艦隊は九月二十一日に帰投命令を受けてバルト海から撤退、*49 ヘルゴラント沖を経由してシェルブールに向けて転進したのであった。*50 かくして、バルト海での戦闘も特に何ら戦局に影響を与えることなく、ここに幕を下ろしたのである。

以上、開戦から約二カ月に及ぶ北海及びバルト海沿岸での独仏両海軍の動向と、その間のフランス海軍による海上封鎖について見てきた。このとき問題となったのが、フランス海軍による海上封鎖が、パリ宣言第四条にあるような実力を伴うものであったのかという点であった。バルト海沿岸諸港から寄せられた報告に接したドイツ側は、仏艦の目撃情報の少なさと出入港できた船舶の多さから、それが実力を伴うものではないと判断、フランスの国際法違反を国際社会に訴えようとしたのであった。こうした外交措置に訴えた背景には、軍事力でフランス海軍に対抗できない北ドイツ連邦海軍の実態があったことは、これまでに論じてきた通りである。

ちなみに、このときのフランス海軍による海上封鎖にどの程度効果があったのかをめぐっては、先行研究のなかでも意見が分かれている。アメリカの海軍史家ロップは「フランス海軍史上最も効果のない実演の一つ」と評するのに対して、同じくアメリカの海軍史家ソンドハウスは「フランス海軍はドイツの軍艦を一隻も拿捕しなかったが、商船を二百隻以上拿捕し、ドイツの海上貿易を半年以上麻痺させた」として一定の効果があったと論じているのである。[*51]

これをどのように見るべきであろうか。ロップの主張は、このときの海上封鎖が実力を伴うものではなかったことを示唆するものであるだけに興味深く、一八七〇年八〜九月の時点での北海・バルト海沿岸に限って言えばその通りなのかもしれない。しかしながら（ソンドハウスはこの点について明言してはいないのだが)、これから第五・六章で見ていくように、南米やアジアでは多数のドイツ商船がグローバルな規模で各地に展開するフランスの艦隊によって拿捕されるのを恐れて現地の港に足止めされてしまい、フランス海軍によって海上封鎖されているに等しい状況が各地で生じてしまうのである。このように、対象地域を北ドイツ沿岸に限定せずグローバルな規模に広げてみると、「ドイツの海上貿易を半年以上麻痺させた」とするソンドハウスの評価は妥当なものであり、このときのフランス海軍による海上封鎖を過小評価すべきではないだろう。

フランス海軍による海上封鎖は実力を伴うものではなかったのではないか。この件をめぐっては、一八七〇年十二月に今度はビスマルク自身が再び取り上げ、パリ宣言に加盟する中立国と南ドイツ諸邦にフランスのパリ宣言違反を強く訴え、各国の同意を取り付けようと試みることになる。[*52] しかしながら、このときの各国の反応は(南ドイツ諸邦を除くと)フランスが実力を伴わない海上封鎖を行ったかについては意見が分かれるものの、フランスがパリ宣言に違反したとはいえないとしてビスマルクの訴えを一様に退けるのである。これは一体どういうことなのだろうか。第六章で詳しく見ていくことにしたい。

第五章

極東への影響

独仏戦争が勃発すると、フランス海軍の脅威は北ドイツ沿岸に留まらず、ヨーロッパの主戦場から遠く離れた極東にも及んでいた。これについてはいささか説明が必要であろう。

ヨーロッパの商船が大挙して東アジアに押し寄せるようになったのは、十九世紀半ばのことであった。アヘン戦争（一八四〇―四二年）の講和条約として南京条約が一八四二年に結ばれると、中国沿岸の五港（上海・寧波《ニンポー》・福州・厦門《アモイ》・広州）が貿易港としてイギリス商人に開港され、香港島がイギリスに割譲された。さらには、翌四三年に清朝中国とイギリスの間で五港通商章程及び虎門寨《こもんさい》追加条約が締結されると、アメリカ合衆国とフランスがこの動きに追随して四四年に望厦《ぼうか》条約、黄埔《こうほ》条約をそれぞれ締結した。こうした一連の動きを受けて、好機と判断した西洋諸国の商人・商船が中国沿岸部に押し寄せるようになったのである。

これに拍車をかけたのが、一八四〇―五〇年代に入って急速に進んだ貿易自由化の動きである。イギリス国内で自由貿易思想が興隆すると、それまで国内農業を保護してきた穀物法が一八四六年に廃止された。さらに、本国と植民地の海運から中継貿易国の商船を締め出していた航海法も一八四九年に廃止されたことで、海洋諸国の通商政策に多大な影響を与え、自由貿易の動きが一気に加速していったのである。このような趨勢のなかで、戦時中であっても海洋貿易を阻害しないような国際的な取り決めの必要性が叫ばれ、一八五六年四月にパリ宣言が出されたことは、既に述べた通りである（54頁以下参照）。

こうした背景の下、ドイツ商船も東アジアに出没するようになった。このとき積極的に乗り出していたのはハンザ諸都市、なかでもハンブルクの商人であり、一八三〇年代から広東で中国貿易に関わっていた。その後、プロイセンやザクセンもこれに関与しようと動き出し、最終的にはプロイセンを中心とするドイツ関税同盟とハンザ諸都市（ハンブルク、リューベック、ブレーメン）、さらには両メクレンブルク大公国を代表するオイレンブルク使節団が派遣され、一八六一年一月には日本とプロイセンの間に、同年九月には清朝中国とプロイセンをはじめ使節団が代表するドイツ諸邦の間に修好通商条約が結ばれて国交が樹立されたのである。*1

その結果、ドイツ商船が東アジア世界に数多く乗り出していった。そのなかで最も多かったのがハンザ都市のハンブルク船であり、次にブレーメン船であった。幕末維新期の日独関係に詳しい福岡万里子の研究によると、一八六四年に香港に来航した欧米船（総数二千二百六十四隻）のうち、最も多かったのがイギリス船千四十三隻であるのに対し、ハンブルク船は三百十五隻、ブレーメン船は百一隻であった（ちなみにその他のドイツ船の数は百二十一隻）。この年に香港にやってきたドイツ船は合計五百三十七隻ということになる。[*2] 独仏戦争中に日本と中国にどれだけのドイツ商船がいたのか、残念ながら現時点で正確な数字にたどり着けていないのだが、一八七一年一月二十三日付の駐日イギリス公使パークスの報告によると、フランスの軍艦に拿捕されるのを恐れて各地の港に足止めされていたドイツ商船は、香港をはじめ中国の諸港に百四隻、横浜をはじめ日本の諸港に三十七隻、シンガポールとシャム（現在のタイ）に二十三隻（合計百六十四隻）に及んだとのことである。[*3]

ちなみに、一八七〇年九月二日の時点で日本と中国を含む東アジアに展開していたフランスの軍艦は二十隻、これに対してプロイセンの軍艦はコルベット艦〈ヘルタ〉と〈メドゥーザ〉のわずか二隻であった。[*4] これではフランスの艦隊とまともにやりあえるわけがなく、東アジアに展開する百隻以上のドイツ商船が、独仏戦争の勃発に伴ってフランス海軍の脅威にさらされることになったのである。

そこで本章では、独仏戦争の意義と影響をグローバルな視点から捉え直すべく、戦時中に日本で見られた独仏双方の動きについて見ていきたい。実は、独仏戦争が勃発すると現地では本国の動向とは関係なく、独仏双方の現場指揮官の間で停戦を模索する動きが確認できるのである。何故そのような動きが生じたのか、そしてその結果はどうなったのであろうか。まずはこの点を明らかにしていきたい。次に、強大なフランス海軍に対してどうすれば現地に展開するドイツ商船を保護することができるのか、この問題に対する駐日北ドイツ連邦代理公使ブラントの、明治維新を迎えたばかりの日本政府を巻き込んだ対応にも注目していきたい。

一　独仏停戦の動き――日本・中国水域中立化構想

開戦と消えた独艦の行方

ドイツから北京までの距離は約七千六百キロ、横浜までは約九千キロ離れている。独仏戦争が勃発した一八七〇年の時点では、この空間的な開きは情報伝達に要する時間に多大な影響を与えるものであった。一八七〇年七月十九日に独仏戦争が勃発したが、この知らせが日本にもたらされたのは八月十四日（明治三年七月十八日）夕方、横浜に入港したイギリスの郵便船〈ウェイヴァリ〉によってであった。[*5] その第一報が駐日北ドイツ連邦代理公使ブラントと駐日フランス公使ウトレイの許に届いたのは翌十五日のことであり、公式通達によってそれを確認したのは両者ともに十八日のことであった。[*6] それまでは戦争勃発間近の情報や噂が飛び交い、正確な情報がなかなか届かず、ささやかな混乱が見受けられた。とりわけ気掛りとされたのは、いざ戦争が始まったらこの水域でのドイツの船舶航行がどの程度危険にさらされるのか、これに対してどのような措置が講じられるのか、という点であった。[*7]

そのようなときに中国では、北ドイツ連邦の軍艦一隻が行方をくらませた。掩蓋付コルベット艦〈ヘルタ〉である。山東半島の東部北岸に位置する芝罘《チーフー》（煙台《えんたい》）に停泊していたこの艦が姿を消したのは、八月十日のことであった。芝罘から寄せられた報告を見る限り、どうやら駐清北ドイツ連邦公使レーフュースをはじめ現地の外交当局は、事前に何の報告も受けていなかったようである。[*8] フランスとの戦争の噂の故に神経質になっていただけに、現地に駐在するドイツ外交官に緊張が走ったのは容易に想像できよう。一体この艦はどこへ行ってしまったのだろうか。

二日後、独艦〈ヘルタ〉の姿は長崎にあった。同艦長ケーラー海軍大佐の八月十二日付報告によれば、[*9] 彼は八月九日夜に天津の領事館から届いた文書に基づいて芝罘を出港したとあるが、（著者はその文書を確認できておらず断言はできないが）先述した北京のドイツ外交官たちの慌てぶりから察するに、具体的な行先までは記されていなかったものと思われる。フランスとの政治的関係に関する公式報告を長崎で受け取ろうとしたのはケーラーの判断によるものであった。[*10] では、何故長崎なのか。彼によれば、芝罘にはフランスの軍艦も停泊しているため、そこにいてはフランスとの戦争が勃発すると身動きがとれなくなること、長崎であれば必要な修理が受けられること、さらにはこのとき横浜に停泊していた北ドイツ連邦の無掩蓋コルベット艦〈メドゥーザ〉と合流した方が望ましいことが理由として挙げられていた。

ところが、長崎についたケーラーは独仏開戦の知らせを受けると、思わぬ行動に出たのであった。〈ヘルタ〉の跡を追うように芝罘を出港して長崎に到着したフランスのコルベット艦〈デュプレクス〉の艦長レスペに、独仏停戦と日本・中国水域の中立化を提案したのである。

ケーラーの提案と現地での反響

八月十五日、それは日本に駐在する独仏の外交官が最初に独仏開戦の知らせを受け取った日のことであった。ケーラーは独断でレスペに日本・中国水域での独仏間の戦闘停止に関する協定を現場の指揮官レベルで締結することを持ち掛けた。

何故ケーラーはそのようなことをしたのだろうか。彼の報告書を含むドイツ側の史料からは、その理由を二点挙げることができる。一点目は、いうまでもなく軍事的理由である。先述したように極東に展開する独仏海軍の艦数比は二十対二、しかも横浜にいる〈メドゥーザ〉は修理にまだ時間を要する状況にあったことを考えると、到底フランス海軍に太刀打ちできるものではなく、ドイツ商船を十分に保護することはできなかったのである。二点目は経済的理由である。この協定が結ばれれば、北ドイツ連邦のみならずヨーロッパの通商にとっても大きな意義があると彼は見ていた。*11

果たして、この提案は現場ではどのように受け止められたのであろうか。駐日北ドイツ連邦代理公使ブラントはこれに賛同した。ビスマルクに宛てた八月二十二日付報告のなかで彼は、ケーラーが提案するような「合意」(Arrangement)が実現すれば日本・中国水域で活動休止中のドイツ船舶が再び活動できるようになるため、彼の提案を「大変好都合」(sehr vortheilhaft)と評し、本国の海軍省にこのことを伝えてほしいと要請したのである(ブラントの報告を受け取った外務省は十月七日に海軍省にこれを転送している)。*[12]

フランス側はどうであろうか。ケーラーから提案を直接持ち掛けられたレスペは八月十六日、個人的意見であると断った上で、ここではこの提案が最善であり、一刻も早くこの問題を解決する必要があると回答した。*[13] また、この知らせを受けた駐日フランス公使ウトレイも同様に好意的な反応を示している。八月二十二日付で横浜から彼が送った報告によれば、(その前日にブラントが彼を訪問してこの提案に賛成していると言ってきたのに対して)、このとき天津にいた中国海域司令官デュプレ提督の協力なしにはこの件を取り決めることはできないとしつつも、「自分自身も北ドイツ連邦代表によって表明されたそれと似たような気持ちに駆り立てられて」、もし独艦〈メドゥーザ〉が横浜を離れず、長崎にいる独艦〈ヘルタ〉と合流することなくフランスの商船に全く関与しなければ、〈デュプレクス〉は敵対行動をとらないことを口頭で約束したのであった。そして彼は、独仏戦争中であってもヨーロッパ列強が、現地のヨーロッパ人の利益を守るために、日本や中国に対して共同行動をとる準備がいつでもあると示すことの重要性を本国の外務省に説いたのである。[*14]

ちなみに、ブラントとウトレイがそれぞれ本国に宛てて先述したような報告書を作成した八月二十二日に長崎では、現地に駐在する各国の領事たちが一堂に会して、この件に関して長崎駐在フランス副領事ルセが作成した建白書について議論していた。その内容は、独仏双方の艦長の間で合意に達した休戦協定がすぐに締結されるよう、共同提案という形でそれぞれの領事が自国の艦隊司令官に要請するというものであった。各国領事はこの提案に同意するものの、このときはイギリス代理領事アンズリーが反対したために実現には至っていない。[*15]

このように、日本に駐在するフランス外交官はいずれもケーラーの提案に共感・賛同していたことが見て取れよう。何故彼らは軍事力で圧倒的に勝っているにもかかわらず、ケーラーの提案に賛同したのだろうか。その理由は、ウトレイが日本や中国に対してヨーロッパ列強は一致団結しなければならないと主張した点から、さらには先に見た長崎での領事会議においてフランス側が用意した建白書からも窺うことができる。当時フランスは――少なくとも現地では――中国においてそうせざるを得ないほどの由々しき事態に直面していたからであった。天津教案である。

天津教案の影響

ここでいう教案とは、十九世紀後半以降の清朝中国に多く見られたキリスト教徒、あるいは教会に対する襲撃・迫害事件のことを指す。なかでも一八七〇年六月に天津で勃発した教案は、これから見ていくようにフランス領事を含め、多数の人命が失われたため、深刻な外交問題に発展することになる。[*16]

この事件の背景には、天津において高まりを見せる反仏感情があった。アロー戦争（一八五六―六〇年）の戦場にもなった天津では、戦後にフランス領事館が設けられ、フランス人宣教師による教会建設や布教活動が行われており、それが地元住民の感情を逆撫《さかなで》していた。とりわけ彼らが疑惑の眼差しを向けたのが、教会に附属して設けられた孤児院であった。ここでは謝礼金を出してまで精力的に孤児を集めており、孤児が亡くなればキリスト教徒として埋葬した。そのため、謝礼目当ての幼児誘拐事件が続発、中国人が処刑されるケースも見られた。

折しも、一八七〇年に疫病が流行して孤児院でも多数の死者を出すと、不穏な噂も相俟って地元住民は疑心暗鬼となり、興奮した群衆が押しかけて墓を暴く事件が発生した。さらに彼らに突き上げられる形で天津の地方官憲が六月二十一日に教会の立入調査を求めると、これに激怒した天津駐在フランス領事フォンタニエが三口《さんこう》通商大臣の崇厚《すうこう》のところへ赴き、そこで威嚇射撃をするのみならずサーベルで机を叩くなど激しく抗議した。そしてフォンタニエが興奮冷めやらぬままそこを立ち去ろうとしたときに、事件は起きた。

フォンタニエが外に出ると、そこには多数の群衆が集まっていた。彼がその中に飛び込んで、天津の知県（県の長官）の姿を見つけて発砲すると、弾丸が知県の従者に命中して死に至らしめた。これに激高した群衆はフォンタニエとその従者を殺害し、死体を八つ裂きにした。さらに群衆はフランス領事館、フランスや英米の教会・孤児院を襲撃し、略奪と破壊に及んだ。犠牲者の数はフランス人をはじめ外国人約二十名、中国人キリスト教徒約四十名に上ったのである。

この事態を処理すべく、直隷総督の曾国藩《そうこくはん》が病身をおして七月八日に天津に入ったが、八月には李鴻章《りこうしょう》が後任の直隷総督となって軍を率いて天津に入った（その後九月には曾国藩が引き続き事後処理に当たった）。他方、西洋列強は共同して清朝に圧力をかけ、八月中旬には各国の軍艦が天津（英艦三隻、仏艦五隻、米艦一隻）と芝罘（英艦三隻、仏艦二隻、伊艦一隻）に集結した。[*17] 先述したように、極東に展開する独艦〈ヘルタ〉は既に長崎にあり、〈メドゥーザ〉は横浜にて修理中であったため、これには加わっていない。しかしながら、四カ国の軍艦合計十五隻が北京のすぐ近くに集結したとあって、軍事的緊張は一気に高まった。

まさにこのようなときに、独仏戦争勃発の知らせが極東に届いたのである。ちなみに、フランス本国に天津教案の知らせが届いたのは、独仏戦争勃発後の七月二十五日のことであった。[*18] ここでも本国と現地の空間的開きが情報伝達と行動決定に大きな影響を与えたと言ってよいだろう。現地にいるフランスの外交官や軍人にとっては、天津のみならず中国にいる自国民を保護する観点から、キリスト教国である西洋列強が一致団結して清朝中国に相対しなければならないときであり、プロイセン・ドイツと戦争している場合ではなかった。[*19] そのような事情から、ケーラーの提案に現地のフランス当局は賛同して本国の許可を求め、詳しくは後述するように英米両国もこの動きを支持することになる。

ちなみに、天津教案の事後処理が終わるのは同年十月になってからのことである。二十一名が死刑となり、フランス側が死刑を要求していた知府・知県は流罪とされ、賠償金二十一万両・弔慰金二十八万両が支払われることになり、先述した崇厚が謝罪使としてパリへ派遣されることになった。独仏戦争の勃発を受けて、フランスも極東で新たに戦争を起こす余裕がなかったこともあり、この事件が戦争にエスカレートすることはなかったのである。[*20]

フランス本国の拒絶

かくして、ケーラーが提案した日本・中国水域の中立化に関する独仏協定案は、日本では現実味を帯びて取沙汰されていたものの、なかなか進展しなかった。ブラントとは異なり、駐日フランス公使ウトレイはこのような協定締結は自身の権限を越えていると思っていたからである。八月二十四日に駐日イギリス公使パークスの横浜の屋敷にてこの件で両者が会談した折、ウトレイは実際そのように発言している。[*21] そのため、彼は公式の指示がなければ勝手に動くことができないとして、協定締結にあたってデュプレ提督や本国の指示を求めていた。

その回答は九月末にもたらされた。本国の海軍省からデュプレ提督に届いた回答は「受け入れられない」というものだった。ウトレイの説明によれば、八月下旬の時とは状況は異なり、今や中国情勢が改善し、デュプレ提督が艦隊を自由に動かせるようになったので、そのような中立化の提案に応じる必要がなくなったということになる。[*22] ちなみに、ブラントはデュプレ提督がこの提案を退けた理由として、ヴィルヘルム一世が開戦直前にフランスの商船を拿捕しないと既に宣言していたことや（103頁参照）、この戦争が終わるまでは中国問題をそのままにしておくとフランス政府が決断したからではないかと分析している。[*23]

いずれにせよ、フランス側の拒絶によって日本・中国水域での独仏停戦と中立化に関する協定締結の話は水泡に帰してしまった。ブラントが認めるように、この交渉が続いている間はこの水域ではドイツ商船は安全に航行できていたのだが、[*24] 交渉が破綻してしまったため、ドイツ商船は日本と中国においてもフランス海軍の脅威にさらされることになったのである。

このとき、ドイツ側にとって鍵となってくるのが日本政府の対応であった。

二　日本の中立宣言をめぐる独仏の角逐

独仏開戦と日本政府への局外中立要請

独仏開戦の知らせが日本にもたらされると、早速ブラントはドイツ船舶に仏艦に対する警告を発した後、すぐさま東京の外務省を訪問し、日本政府に局外中立とその具体的な措置をとるよう要望した。日本側の史料によると、例えば彼は外務卿の沢宣嘉《のぶよし》に対して次のように述べている。

日本は四方環海の国に付、沿海凡《およそ》英国里数三里内は、仮令《たとい》彼商船等敵船に追討いたされ候砌《みぎり》、右里数内へ逃入《にげいり》候節は、追撃いたし候船も戦はやめ候義万国の定法にて候間、貴国にも其旨《そのむね》御心得被下度《くだされたく》候。右の商船其時宜《じぎ》に寄《より》不開港場へ参り候事も可有之《これあるべく》候間、其所官員へ前以《まえもって》御布令被下度候事。

日本の内九州中国の間の海路は日本海の儀に付、例えば下ノ関、佐賀ノ関、阿淡紀淡の海門内へ外国人入来て戦争する事は、不相成《あいならぬ》旨各国へ御布令有之度《これありたく》候。

これによると、ブラントは英国里数三里＝三マイル以内を日本の領海と見なした上で、そこに商船が逃げ込んだ場合、国際法では追撃する仏艦は戦闘行為をやめなければならないことを日本政府に承知してもらうとともに、開港を認めていないところに商船が逃げ込むこともあり得るので、事前に布令を出してもらいたいと要請した。

これを沢が承知すると、ブラントは「前条環海の場所は、今般孛《ふ》仏《ふつ》戦争起り候に付、右場所英国三里の所は軍《いくさ》いたし不申様《もうさぬよう》、是又《これまた》御布告被下度候」と述べて、独仏戦争の勃発に伴い、日本の領海内での戦闘を許さないよう諸外国に対して布告を出してほしいと強く求めたのであった。[*25] ブラントのねらいは、日本が局外中立宣言を発することで、日本の領海にあるドイツ商船を国際法によって仏艦の脅威から守ることにあったと言えよう。

ブラントからの要請を受けた沢は八月二十日（明治三年七月二十四日）、外務大輔《たゆう》の寺島宗則との連名でウトレイに独仏開戦の真否を問い合わせた。[*26] これに対してウトレイは二十四日に回答、七月十九日にプロイセンに対して宣戦布告したことを伝えた上で、「国際法に定められた中立の規定」（les règles de neutralité prescrites par le droit des gens）を厳格に守ってほしいと日本政府に要請したのであった。[*27]

局外中立の布告（八月二十四日）

ウトレイの要請を待つまでもなく、日本政府はブラントとの会談を受けて局外中立の方針を定め、当時外務省にいた渡邉洪基《ひろもと》（外務大録《だいさかん》）が中心となって局外中立令の作成に当たっていた。先行研究によれば、このとき彼はフランス公使館からの代筆の申し出を退け、わずか一週間弱という時間的制約のなかで、ウィリアム・マーチン（丁韙良）の漢訳『万国公法』に基づき、部分的にヘンリ・ホイートンの『万国公法』の原書（*Elements of International Law*）を参照しながら、独自に局外中立令を急ぎ作成した。[*28]

かくして一八七〇年八月二十四日（明治三年七月二十八日）、太政官布告第四百九十二号が発せられ、独仏戦争に対して「我皇国ハ局外中立之儀堅可執守旨」宣言し、次に見るような十三カ条から成る規則が示された。以下、少し長くなるがその全文をここで見ておきたい（ここでは本書の議論の都合上、条文番号は通し番号で引用する）。

今般孛漏生《プロイセン》仏蘭西両国交戦ニ及《および》候趣《おもむき》ニ付、於我皇国《わがこうこくにおいて》ハ局外中立之儀堅可執守旨《かたくとりまもるべきむね》被 仰《おおせいだ》出《され》候。就テハ交易場ハ勿論海岸諸要区ニ於テ、左之条々相心得不都合無之様可取計《これなきようとりはからうべく》候事。

一　局外中立之上ハ、交戦之理非曲直ヲ品評致ス間敷《まじく》、文書上ハ勿論応接言辞之間専ラ注意可致《いたすべき》事。

二　港内及内海ハ勿論ニ候へ共、外海之儀ハ距離三里以内両国交戦ニ及ビ候儀ハ不相成。尤《もっとも》軍艦商船共通行ハ是迄通差許《さしゆるし》候事。

三　薪水食料等ニ欠乏シ、或ハ艱難ニ出逢ヒ、我開港場ハ勿論不開港場へ来《きたり》候右両国之軍艦商船共、今般之戦争ニ関係無之分ハ兼而《かねて》御布令之趣ニ基キ通例之手続ヲ以テ偏頗《へんぱ》ナク給与可致候事。

四　一方之軍艦我港内へ進口致シ、他方之軍艦追来《おいきたり》、双方共一港内ニ入込《はいりこみ》候節ハ、先入之船出帆後二十四字［時］内ハ後入之艦出帆不相成候儀ニ付、差止可申《もうすべき》事。

五　一方之軍艦我港内へ進口致シ、他方之軍艦我港口迄追来、待受候体相見《あいみえ》候節ハ、右船帆影相消《あいきえ》候迄ハ港内へ先入之船退帆《たいはん》不相成候事。

六　我港内ニテ交戦ニハ不及候共、両国船艦分捕《ぶんどり》之姿相見候ハバ差止可申候事。

七　交戦国之軍艦大洋中ニテ接戦ニ及ビ、敗北之余《あまり》帆檣《はんしょう》等毀損シ我港内へ遁込《にげこみ》候節ハ、其船艦乗込人員並兵器等悉ク此方へ為引渡《ひきわたしをなし》再度戦地へ赴キ候事ハ不相成。双方平和相成候迄預リ置可申。但《ただし》病人瘡者養生之儀ハ不苦《くるしからず》候事。

八　我開港場内ニ兵士ヲ置、軍艦滞泊、其外海軍屯所差許置候国モ有之候へ共、右ハ全ク平時我港内在留之其自国商民保護之為ニテ、他国交戦ニ付右場所ヲ相用《あいもちい》候儀ハ、不相成候事ニ付、右場所ニテ戦争ハ勿論兵士武器等俄ニ相備へ戦地へ出帆致シ、或ハ戦地ヨリ直ニ右場所へ引取交代休息致シ候等ハ、右場所ヲ以テ其敵国ヲ伐《うつ》之利ニ資シ候儀ニ付、決而《けっして》不相成候事。

九　交戦国之軍艦兵士等戦争ニ赴ク為ニ我港内ニ碇泊シ、或ハ上陸イタシ戦備ヲ整ヒ、又ハ兵士武器等ヲ増載イタシ候儀ハ、不相成候事。

十　御国船艦ニテ交戦ニ及候方へ、兵士武器其外直ニ戦争ニ供候品物運輸イタシ候儀、不相成候事。

十一　御国人並我管内在留ノ外国人共交戦ニ及候国々ノ軍艦及商船ニ候共、其戦事ニ使用ノ船々へ被雇《やとわれ》乗組、又ハ他国船タリトモ其戦争ニ関係ノ事柄取扱候為ニ乗組、或ハ其他軍事ニ相携《あいたずさわり》候事件及ビ品物等世話イタシ候等ノ儀、不相成候事。

十二　戦地ニテ分捕イタシ候品物ヲ我港内ニオイテ売買イタシ候儀、不相成候儀ニ付、其事実分明ノ者ハ取押預リ置、其旨可伺出《うかがいいだすべく》候事。
十三　御国人民ハ勿論荷物等交戦ニ及ビ候軍艦並ニ其国々ノ商船ニ積込候儀、イタス間敷候事。
右規則中、外国人ニ相拘《あいかかわり》候件々、万一違背及ビ候節ハ、開港場ハ其国々コンシュルヘ掛合差止可申。若《も》シ不服ノ節ハ、其港軍艦ニ相達《あいたつ》シ兵部ノ処置可有之候事。
但シ、不開港場其外海岸ニテ右様ノ儀有之候ハバ、於地方官《ちほうかんにおいて》差止置、左ノ港近傍之地ハ軍艦ヘ可相達、懸隔之場所ハ其顚末速《すみやか》ニ兵部省ヘ可届出事。

横浜港
甲鉄艦　小艦隊指揮兼艦長　中島　四郎
乾行艦　同　伊藤　二郎
兵庫港
春日艦　小艦隊指揮兼同　赤塚　源六
富士艦　同　石井　貞之進
摂津艦
長崎港
龍驤艦　小艦隊指揮兼同　中牟田　倉之助
電流艦　同　牛島　五一郎

延年艦
箱館港
日進艦
品海予備
第二丁卯艦
千代田艦
右条々開港場ハ勿論沿海府藩県共屹度《きつと》可相心得候事。[29]

同　眞木　安左衛門

以下、後述する議論との関連において、この中立宣言の内容をまとめてみたい。これによると、日本の港内や内海に加え、外海の場合は陸地から三里以内の水域では独仏双方の戦闘は禁止され、双方の軍艦と商船は共に自由航行が認められ（第二条）、独仏双方の船舶が困難に直面した場合には、日本が諸外国に対して開港を認めていないところであっても、事前に出された布令に基づいて等しく薪水や食料の支給を受けることが認められている（第三条）。このあたりは、先に見たブラントの要請が受け入れられた形となるだろう。

さらに、独仏いずれかの軍艦が入港し、他方の軍艦がそれを追って同じ港に入港した場合、いずれかが先に出港したら、他方はそれから二十四時間以内は出港することができず（第四条）、また、いずれかの軍艦が追撃されて日本の港に逃げ込んだ場合、追撃してきた軍艦が港の外側で待ち受けていればそれが視界から消えるまでは、出港できないことも定められた（第五条）。日本側が守らなければならない規定に注目すれば、独仏のいずれかに兵士や武器・軍需品を支給することは認められず（第九条、第十条）、また、諸外国への開港地に兵士や軍艦を駐留させている国が独仏いずれかを利するような行動を認めていない（第八条）。また、独仏いずれかが獲得した戦利品については、日本の港で取引することは禁じられた（第十二条）。

かくして、独仏戦争に対する局外中立宣言が布告された。これが、日本政府が国際社会に対して発した、諸外国間の戦争に対する初めての中立宣言ということになる。

局外中立の改正（九月二十四日）

ところが、これに各国の駐日公使が苦情を寄せてきた。列強が有する治外法権の故に実施困難なものもあるなど、不備が見受けられたからである。特に激しく詰め寄ってきたのがブラントであった。彼は日本の中立宣言の一部が国際法の原則に合わないだけでなく、このままでは日本にいる商船や軍艦を守ることができないと判断したのである。*30

日本政府の側でも、短期間で準備した初めての宣言ということもあって、その不備に自覚があった。そこで、まずはブラントの意見を踏まえて改正案を作成し、これについてウトレイの意見を聴取して、一八七〇年九月二十四日（明治三年八月二十九日）に太政官布告第五百四十六号として、局外中立の布告改正を発表した。以下、少し長くなるがこちらもその全文をここで見ておきたい（ここでも条文番号は通し番号で引用する）。

孛漏生仏蘭西両国交戦ニ及候処、於　皇国ハ局外中立ニ付、開港場並ニ海岸諸要区心得之条々、先般御布告相成候処、更ニ左之通リ御改定相成候事。

一　港内及ビ内海ハ勿論ニ候ヘドモ、外海之儀ハ凡三里（陸地ヨリ砲丸ノ達スル距離）以内、両国交戦ニ及ビ候儀ハ不相成。尤軍艦商船共通行ハ是迄通リ差許候事。

二　薪水食料等ニ欠乏シ、或ハ艱難ニ出逢ヒ、開港場ハ勿論不開港場へ来候右両国之軍艦商船トモ、兼テ御布令之趣ニ基キ通例之手続ヲ以テ、偏頗ナク給与可致候事。

三　双方ノ軍艦港内へ進口致シ、一方之船出帆後二十四字［時］内ハ、其一方ノ船出帆不相成候事。

四　開港場内ニ兵士ヲ置、軍艦滞泊、其外海軍屯所差許置候国モ有之候へ共、右ハ全ク平時港内在留之其自国商民保護之為ニテ、他国交戦之為差許置候儀ニハ無之候ニ付、右屯所平日ノ用事ノ外総テ右場所ヲ以其敵国ヲ伐之利ニ資ケ候儀ハ、不相成候事。

五　御国船艦ニテ交戦ニ及候方へ、兵士武器其外直ニ戦争ニ供シ候品物運輸イタシ候儀、不相成候事。

六　交戦国ノ船艦へ水先案内ノ外、被雇乗組出先ニテ兵難ニ遇ヒ及訴訟《そしょうにおよび》候儀、不相成候事。

七　戦地ニテ分捕イタシ候品物ヲ港内ニ於テ売買イタシ候儀、不相成候。尤売買不致候テハ不相成場合モ有之節ハ、其旨可伺出候。然ル上分捕致シ候国ノ公使へ談判御処分有之べク候事。

八　其外輸出入品ニ就テハ、条約面ニ禁制セル品ノ外ハ平日ノ通心得可申候事。

九　右規則中、外国人ニ相拘候件々、違背及ビ候様子相見候節ハ、開港場ハ其国々コンシュルへ掛合差止可申。若シ不服ノ節ハ、其港軍艦ニ相達シ兵部ノ処置可有之候事。

但不開港場其外海岸ニテ右様ノ儀有之候ハバ、於地方官近傍開港地ノ庁並滞泊之御軍艦へ可相達、懸隔之場所ハ其顚末速ニ兵部省並外務省へ可届出候事。

右条々開港場並府藩県諸要区屹度可相心得候事。[*31]

改正のポイントを挙げるとすれば、旧布告に比して条項も整理され、分量も減っている点に加え、第一条（旧布告第二条）において日本の領海・内海の定義が「陸地より砲丸の達する距離」として「凡三里」（日本里法の三里＝約十一・七一八キロメートル＝六・三海里）とされた点であろう。[*32]しかも、この改正には独仏双方の意見も反映されているため、ブラントからすれば、これによってドイツ商船が仏艦の脅威から解放されると思ったに違いない。

だが、事は彼の思惑通りには進まず、事態は日本政府をも巻き込んだ、思わぬ方向へ発展することになる。

ブラントの抗議

それは十月八日のことであった。

横浜港には、先述のように北ドイツ連邦のコルベット艦〈メドゥーザ〉が既に碇泊しており、そこにコルベット艦〈ヘルタ〉が合流していた。これに対してフランスは〈ヘルタ〉を追って日本にやってきた軍艦を含め、合計三隻〈デュプレックス〉〈リノワ〉〈ヴェヌス〉がそこに居合わせていた。それまでは、先述したように現場レベルで独仏間に日本・中国水域中立化協定の交渉が進められており、また独仏開戦に伴ってドイツ船舶が出港を見合わせていたこともあって、事態は静かに推移していた。[*33]

ところがこの日、午後三時にドイツの蒸気船〈ライン〉が日本政府の委託を受けて横浜港を出港したところ、フランスのコルベット艦〈リノワ〉がすぐさまこれに続いて出港、一足先に東京湾を出てこれを待ち受けたが、〈ライン〉が湾を出ることがなかったため事なきを得た。駐日北ドイツ連邦代理公使ブラントの訴えによれば、このときの仏艦の目的は、日本の領海を離れたら〈ライン〉を拿捕することにあったというのである。

しかもその翌日の午後には、一度横浜港に戻った〈リノワ〉が再度出港、東京湾の出入口にあたる浦賀水道でイギリスのバーク船〈ヴァイオレット〉を空砲で威嚇したのである。このときは〈ヴァイオレット〉が慌てて英国旗を掲げたことで事なきを得ている。ちなみに同船長の証言では、仏艦によって威嚇されたとき、陸地から一・五マイル離れたところを航行していたという。*34

ブラントは、このときの仏艦〈リノワ〉の行動は国際法の基本原則のみならず、日本の中立宣言＝改正布告の第四条に違反するものであると見なした。彼の眼には、フランスは日本の開港地である横浜や領海内で対独軍事行動を取っているように見えたのである。彼は駐日フランス公使ウトレイに直ちにこの件を抗議するのみならず、十月十一日には横浜に駐在する中立国（イギリスの他にスペイン、オランダ、米国）の代表を横浜のイギリス公使館に集めてこの件を報告し、フランスの非を鳴らしたのである。*35 これに出席した駐日イギリス公使パークスの報告によれば、ブラントはこの席で、①改正布告第三条にある二十四時間優遇措置（一方の軍艦が出港した後二十四時間以内に他方の軍艦は出港できず）は軍艦のみならず商船にも適用されるべきであるということ、そして②改正布告第四条に基づいて、横浜港がフランスの軍事拠点にされないよう同国の（病院や食糧貯蔵等の）施設に制約を課すこと、この二点を主張している。ちなみに、これに対する各国代表の反応は、ブラントの主張に賛同しながらも、パークスは②をめぐっては、横浜のフランス施設は同地に居留する他の外国人にも資するため、今回のブラントの抗議と結びつけるのは理解できないと留保している。*36

横浜での各国代表との協議を終えたブラントは、すぐさま東京に赴き、夕方外務省に乗り込んで、同様にフランスの国際法並びに日本の中立宣言第四条違反を指摘するのみならず、日本政府の方でも然るべく対応してもらいたいと沢宣嘉と寺島宗則に直談判した。[*37] 具体的には、①については改正布告第三条（旧布告第四条）には、必ずしも「商船」が出港後二十四時間の優遇の対象に含まれるとは明記されていないため、今回の事件に鑑みて「商船」に対しても同様の規定を追加すること、②については改正布告第四条（旧布告第八条）の規定の他に、日本の領海内での仏艦の敵艦捜索を含む軍事行動を禁じる規定を加えること、この二点を強く求めたのである。

これを受けて外務省は翌十二日（明治三年九月十八日）、次の二つの規則のうち、前者を改正布告第三条に、後者を第四条にそれぞれ増補する旨、各国に通達した。

一　一方ノ商船出帆後二十四時ノ内ニハ、其一方ノ軍艦出帆不相成候事。

一　日本港或ハ日本海ヲ戦闘ノ根拠トスベカラズ。且交戦国ノ一方ヨリ其一方ノ船ノ出入ヲ妨ル為メ、右海境内ヲ遮回シ又日本海ヲ戦闘ノ為メニ潜伏ノ所トスベカラズ。[*38]

各国の反発

今度は、駐日フランス公使ウトレイがこれに反発した。

十月十三日、彼は日本政府に打電して、自分たちの同意を得ていない修正は如何なるものであっても認めらいと猛抗議した。[*39] さらにその翌日には、先の日本の中立に関する改正布告は（独仏双方の同意の下で作成されているため）「ある種の協定のようなもの」であり、これをフランスの同意なしに修正できるものではないとして、これに関する日本政府からの通達の受け取りを拒否した上、今回の増補箇所は認められず、仏艦は以前の中立条項のみを遵守すると通達してきたのである。[*40] 局外中立と言っておきながら、今回の中立規則の増補はドイツ側の主張のみを受け入れ、フランス側には何の相談もしなかったのだから、ウトレイの怒りも頷けよう。彼は日本に駐在する各国代表に対しても十四日付で同様のことを通達した。[*41]

ウトレイの主張は他の駐日外交官にも支持された。例えば、パークスは十月十四日、今回の中立規則の増補が、先の中立布告改正のときに見られたような各国の外交官との事前協議がなされず、交戦国の一方の要望によってのみ発せられたことに遺憾の意を表し、イギリスもフランスと同様に中立規則の増補を受け入れることはできないと日本政府に伝えている。[*42]

これに日本政府が激しく動揺した。外務大輔の寺島宗則が即日横浜に赴き、その日の夜にパークスと駐日アメリカ公使デロングと会談して、今回の中立規則の増補について弁明した。寺島によると、ブラントの説明から事態が切迫しており、なおかつウトレイもこれに反対しないと思われたので、ブラントに説得されるままそのように決断してしまったというのである。そして事ここに至って、各国との事前協議なしに進めてしまったことを後悔し、二人に事態の斡旋を依頼したのであった。[*43]

かくしてパークスとデロングの二人が日本政府の依頼を受ける形で、事態の斡旋と独仏代表間の調停に乗り出した。しかしながら、ブラントもウトレイも態度を改めようとはせず、それどころかブラントは、横浜の病院かステーションにいた水兵が仏艦に乗り込んだのを見て、それが日本の中立宣言に違反していると訴える有様であった。[*44] 中立規則増補をめぐるこの一件は、日本政府が十月十六日に中立規則に増補した箇所を撤回することをブラントに申し入れるのだが、[*45] ブラントは立場上自らの主張を引っ込めることはできず、覚書を日本政府に提出して、撤回そのものについては明言を避け、ドイツ側の言い分を主張するに留まっている。[*46] そしてこの件はこれ以上進展することなく、翌一八七一年の独仏戦争終結を迎えることになる。

その間、日本にいたドイツ船三十七隻が、フランス海軍による事実上の海上封鎖の故に出港できず、身動きが取れなかった。ちなみに、一八七一年一月末の時点で同様に身動きが取れなかったドイツ船は、シンガポールとシャムで二十三隻、香港と中国で百四隻であった。合計百六十四隻のドイツ船舶が、アジアにおいてフランス海軍によって出港できず足止めされていたことについては既に述べた通りである。[*47]

日本の中立をめぐって、最初はドイツ側にとってもうまく事が運んでいたのに、何故このように事態がこじれてしまったのだろうか。これについては、極東での独仏対立を日本の中立宣言や海洋問題と絡めて論じた先行研究が少なく、[*48] どのように評価すべきか悩ましいところである。ここでは、この件を一部始終見ていたパークスの評価を参考までに紹介したい。彼は外相グランヴィルへの報告の中で、事態がこのようになった原因はブラントとウトレイの意思疎通がうまくいっていなかったことにあり、ブラントの各方面への調整不足と不手際な行動は、わざと不幸な結果を引き起こそうとしているのではないかと思わずにはいられないものであったと評している。[*49]これまでの経緯を振り返ると、確かにブラントが性急かつ強引に話を進めていた節が随所に垣間見えるので、パークスの評価は確かにその通りと言えるかもしれない。だがそれは同時に、圧倒的な海軍力を誇るフランス海軍の動きを前に、極東では国際法しか頼るものがなく、しかも、それをもってしても十分にドイツ商船を守ることができず追い詰められていったブラントの焦りの裏返しであったと見ることもできるのではなかろうか。

三 日本・中国水域中立化構想の再浮上

米国の仲介

ブラントの一方的な要請による日本の中立規則の増補が、日本政府を巻き込んだ独仏対立を惹起していた頃、一度却下されたはずの日本・中国水域中立化構想が再び取沙汰されることになった。一度目のきっかけは本章第一節で見てきたように、開戦直後の長崎での独仏双方の艦長同士の交渉であったが、二度目のそれは日本から遠く離れた米国の首都ワシントンから発せられた一通の電報であった。

一八七〇年十一月一日、アメリカ国務長官ハミルトン・フィッシュはベルリン駐在公使バンクロフトに打電し、大統領グラントが中国水域での独仏間の戦闘行為が中国人を刺激して現地の欧米人の生命を危険にさらすのではないかと恐れていることを伝えた。そして、欧米人の生命・財産を保護すべく、中国水域での戦闘行為を停止し、独仏双方の艦隊の間で共同行動を取ることが可能か北ドイツ連邦政府に打診するよう指示したのである。[*50]

翌日、バンクロフトが早速この電報の写しを北ドイツ連邦外務長官ティーレに送ると、[*51] 彼は即日回答し、八月に長崎で実現しかけた日本・中国水域中立化のための独仏提携に関する文書を私信の形でバンクロフトに示した。[*52] そのなかには、イギリス外相グランヴィルが十月二十一日付でベルリン駐在イギリス大使ロフタスに宛てた文書も含まれており、[*53] グランヴィルもまた極東での独仏和解の試みに好意的な反応を示すことが見て取れるものであった。このことをバンクロフトはすぐに本国に報告した。[*54]

ビスマルクの対応

このグランヴィル文書の写しは、ティーレによってヴェルサイユ宮殿の大本営にいるビスマルクにも送られた。このときティーレは、八月の時点で現場レベルでは独仏合意が実現できていたことを踏まえ、フィッシュからの提案を受け入れることが可能か否か、指示を求めたのである。[*55]

これに対してビスマルクは十一月九日、ヴィルヘルム一世の承諾を取り付けた上でこの件を盟友の陸相兼海相ローンに相談した。もしアメリカ側の提案に賛同する場合には、バンクロフトの照会に異存なしと回答するようベルリンの外務省に打電するつもりだと伝えたのである。[*56]

ローンからの回答が届いたのはそれから四日後の十一月十三日のことであった。その内容は、ヨーロッパ全体の利益を保障する観点から、日本・中国水域での独仏の現場指揮官レベルでの（同水域の中立化に関する）条約締結に異存はないというものであった。[*57] ビスマルクは直ちにその旨をバンクロフトに伝えるようベルリンへ打電した。[*58]

これを受けてバンクロフトは、十一月十六日にワシントンにその旨報告するとともに、十一月二十一日には駐仏アメリカ公使ウォッシュバーンに書簡を送り、ドイツ側が日本・中国水域の中立化に同意する用意があることを伝え、フランス国防政府への取次ぎを依頼したのである。[*59]

かくして、日本・中国水域の中立化に向けた現場指揮官レベルでの独仏協定の試みは、二度目は米国の仲介を得て動き出した。しかも今回はイギリスもこの件に好意的であることから、実現の可能性が少なからずあったと見てよいだろう。このときの米国の仲介にビスマルクがどの程度期待をかけていたのかについては、残念ながら史料上からは読み取れないが、ドイツ側が多少はこれに期待していたとしてもおかしくはない（とはいえ、北京からの報告を読む限り、現地ではこれまでの経緯から期待はされていなかったようである)。[*60]但し、バンクロフトの報告によれば、ドイツ側が米国の仲介を受け入れたのは、わずかばかりの商業的理由からではなく、極東における(欧米人の保護という)人道的な配慮からであったという。[*61]ドイツ商船保護というよりも極東におけるヨーロッパ協調・欧米連携の方が国際社会の支持を得られやすいという配慮が、もしかしたらそこにあったのかもしれない。

万事休す

しかしながら、極東でのヨーロッパ協調・欧米連携を引合いに出したこのときの独仏協定の試みは、またしても実現には至らなかった。フランスがこの件についてそれまでの立場を変えなかったからである。

十二月五日、フランス国防政府外相ジュール・ファーヴルは駐仏アメリカ公使ウォッシュバーンに対して、米国の提案を受け入れることはできないと回答した。ファーヴルがその理由として述べたところによれば、中国水域が中立化されると十分な海軍力を有さないプロイセンにのみ有利となり、また中立化されたところで中国やコーチシナ(現在のベトナム南部)にいるフランス人を利するものではなく、現地でのフランスの影響力を本質的に傷つけるものであるとフランス海軍省が判断したからであった。[*62]

この知らせはベルリンの外務省を通じて、十二月二十日付で海軍省に伝えられるのみならず、駐清公使レーフュース、駐日代理公使ブラントにも打電された。[*63] そして翌年一月五日には英米両政府に対して、フランスが日本・中国水域の中立化に関する協定を拒絶したことは極東におけるヨーロッパの利益の観点から遺憾に思わざるを得ないと伝えている。[*64]

かくして、極東における独仏和解の可能性、すなわち日本・中国水域の中立化に関する協定交渉は、米国の仲介とイギリスの支持を背景に再び取沙汰され、一時は実現するかに思われたのだが、またしてもフランスの拒絶にあって失敗に終わったのである。

以上、極東における独仏戦争の影響とそれに伴うドイツ側の動きについて見てきた。戦力で圧倒的に勝るフランス海軍に対して、極東に展開するドイツ商船をどのようにすれば守ることができるのか。独仏双方の現場指揮官の間で日本・中国水域の中立化に関する協定案が開戦直後に浮上すると、駐日北ドイツ連邦代理公使ブラントはこれを後押しすることでそれが可能であると考えていた。天津教案に伴う中国情勢の悪化とそれへの対応、アジアにおけるヨーロッパ協調を必要とする状況から、この協定は一時実現しかけたものの、フランス本国がこれを拒絶したためにご破算となった。

したがって、ブラントが頼れるものはもはや国際法と日本の局外中立宣言しかなかった。彼がそれに賭けていたことは、日本の中立宣言の作成に深くかかわり、横浜での仏艦の挑発的行動に直面すると、単身東京の外務省に乗り込んで、ドイツ船舶を守るべく中立規則の増補を認めさせた点からも見て取れよう。しかしながら、アジアにおけるヨーロッパ協調に反する彼の性急かつ強引な行為の結果、事態はかえってドイツ側にとって不利な状況を生んでしまったことは先述した通りである。それは、米国が関与する形で日本・中国水域中立化に関する協定案が再び取沙汰されても変わることはなかった。米国の斡旋やイギリスの外交的支援があったにもかかわらず、二度目の試みも失敗に終わったのである。

このように、プロイセン・ドイツは極東においても、軍事力で対抗できないフランス海軍から自国の商船を守るために国際法を利用して対抗しようとしたものの、思うような結果を得ることができず、ブラントの勇み足もあって苦しい立場に追い込まれていたのであった。

第六章
パリ宣言への幻滅とフランスへの反撃

独仏戦争が勃発すると、プロイセン海軍を主体とする北ドイツ連邦海軍の大半は（第四章で見てきたように）北ドイツ沿岸にて本土防衛に専念、そのため——さらに付け加えるならばドイツ軍が陸戦において終始戦争を優位に進めていたことや、フランス海軍が艦隊決戦を挑もうとしなかったこともあって——撃沈された軍艦はなく、大きな被害を出さずに済んだ。しかしながら、それとは対照的に仏艦によるドイツ商船の被害は看過できないものとなっていた。北海のみならず大西洋や地中海、さらには南シナ海にて、ドイツ商船は現地に展開する仏艦によって砲撃・拿捕されるばかりであり、これに対して北ドイツ連邦海軍は彼我の戦力差の故に為す術がなく、指をくわえて見ているしかなかった。当時横浜にいたドイツのコルベット艦二隻が、現地に展開するフランスの艦隊に対してあまりにも無力であったことは、既に第五章で見てきた通りである。

これに対してビスマルクは、従来の国際法である一八五六年四月のパリ宣言で規定されていた内容を上回るような措置を開戦直前に講じた。それは第三章で見てきたように、戦時中にドイツ側はフランス商船を攻撃・拿捕の対象としないという対仏商船保護宣言（一八七〇年七月十八日付ヴィルヘルム一世布告）とも呼べるようなものであった。ビスマルクはこうすることで、戦時中であっても洋上の私有財保護を訴える米国の外交的支持を取り付けて国際社会の理解と支持を得つつ、フランスに相互主義の観点から同様の措置を採らせようと試みた。

だが、その目論見は見事に外れた。フランスは洋上でドイツ商船を見つけては、見境なく次々に拿捕していくのみならず、バルト海ではパリ宣言第四条に抵触するような、実力を伴わない海上封鎖（132頁以下参照）まで行い、第五章で見てきたように、独仏戦争に対して中立を宣言している各国の水域においてもフランス海軍は挑発的な行動を繰り返していた。これに対してビスマルクは各国に対してフランスの国際法違反を訴えて、軍事的にではなく外交的にフランスの動きを封じ込めようとするのだが、これに対する各国の腰は重く、状況は一向に改善しなかった。

本章では、こうした状況に業を煮やしたビスマルクが、ついに反撃に転じた経緯について見ていきたい。それはすなわち、彼が当時の国際法であったパリ宣言に幻滅していく過程に他ならない。この点に留意しながら、彼が決断した反撃とは一体どのようなものであったか、何故そのような選択肢を選んだのか、そしてそれは果たして効果があったのか、これらの点を明らかにしていきたい。この問題をめぐっては、先行研究ではわずかにデンマークの海事史家レムニツァーの研究しか見当たらないため、本章でもこれに依拠しながら議論を進めていくことにする。

一 グローバルに行われるドイツ商船への攻撃

エーゲ海にて（一八七〇年八月）

東アジア（日本と中国）ではドイツ商船が、現地に展開するフランスの艦隊を恐れて各地の港に足止めされていたことは、第五章で見てきた通りである。だが、別の水域ではドイツ商船は次々と仏艦の餌食になっていった。

まずはエーゲ海での事例を見ていこう。八月十四日、石炭を積んでイギリスのカーディフを出港したドイツ商船〈アルマ〉がフランスの砲艦によって拿捕され、ギリシアのシロス島に連行された。[*1] これに対して現地の北ドイツ連邦領事は、積荷が中立国のものであるとして（パリ宣言を根拠に）フランス側の拿捕が違法であると猛抗議した。さらに八月十六日には、ドイツ商船〈クーリエ〉（Courrier/Curier）もまたフランスの砲艦に拿捕されてシロス島に連行されている。[*2] しかもそれは、ギリシアの水域での出来事だというのである。ちなみに、これら二隻の乗員〈アルマ〉

は十名、〈クーリエ〉は不明[*3]）は後日マルセイユに連行され、そこで酷い待遇を受けているとのことで、ドイツ側は彼らの釈放に向けて駐仏アメリカ公使ウォッシュバーンに仲介を依頼した。[*4]

西地中海にて（一八七〇年八月）

次に、フランス本国とフランス領アルジェリアに挟まれた西地中海に眼を向けてみよう。

ここでは六隻のドイツ商船〈ノルトドイチュラント〉〈ブリュヒャー・フィンケン〉〈パール〉〈ブリリアント〉〈アドラー〉〈ボルシア〉が八月上旬にスペインのマラガ近く、あるいはジブラルタル海峡近くを航行中に仏艦によって拿捕され、アルジェリアのオランに連行された。あわせて六十七名にも及ぶ乗員を救うべく、ドイツ側は先述した件とあわせてウォッシュバーンに仲介を依頼している。[*5]

ちなみに、このとき拿捕されたドイツ商船の積荷と乗員については、著者がフランス外交史料館で見つけたこれら六隻に対するフランスの捕獲審検所（Conseil des prises）での判決（一八七〇年九月二十六日、十二月一日、十二月十五日）を見ると、積荷はいずれも中立国のものと認められるのだが、乗員はいずれも「正当拿捕」（de bonne prise）とされている。[*6] ここから、フランスが戦時中も彼らなりにパリ宣言を遵守して対応しようとしていたことが見て取れよう。しかしながら、捕獲審検所の判決が出るのは遅く、しかも乗員は返還の対象とならなかったこともあって、ドイツ側の苛立ちが募るのも無理からぬことであった。

なお、この時期には他にも仏艦によってドイツ商船〈メアケーニヒ〉(Meerkönig) がオランとスペインのカルタヘナの間を航行中に拿捕され、さらにドイツ商船〈ヨハネス・ケプラー〉は拿捕されてトゥーロンに連行された。著者はその記録をまだ見つけるに至っていないが、後者については十二月にボルドーにて拿捕審判を受けている。

北海・北大西洋にて(一八七〇年八—九月)

仏艦によるドイツ商船の被害が一番多かったのは、北海・北大西洋であった。

既に第四章で見てきたように、この時期北海ではフランス海軍がドイツ沿岸を海上封鎖し、専守防衛の方針を採っている北ドイツ連邦海軍との睨み合いと小競り合いが続いていた。だが、その一方でドイツに通じる北大西洋・イギリス海峡・北海の航路上で、八月に入ってから約一カ月の間に十六隻のドイツ商船が仏艦によって拿捕されている。このうち、後述する〈ラナイ〉をはじめ十三隻がブルターニュ半島にあるフランスの軍港ブレストに、他には大西洋に面したナントやロシュフォール、あるいはイギリス海峡に面したシェルブールや後述する〈プファイル〉のようにダンケルクに連行された船もあった。[*7]

なお、北海に展開していたフランスの艦隊の橋頭堡《きょうとうほ》ともいえるヘルゴラント島近海では、二隻のドイツ商船が仏艦によって拿捕され、廃船もしくは座礁させられる事例も見受けられた。[*8]

東南アジアにて（一八七〇年八—九月）

八月下旬には、東南アジアにおいても仏艦によるドイツ商船の被害が発生している。中立国スイスの積荷とオランダ人を乗せて上海に向かっていたドイツ商船〈トゥーランドット〉が東インド洋を航行中、仏艦によって拿捕され、インドシナ半島南部のサイゴン（一八五九年にフランスによって占領、現在はベトナムのホーチミン市）に連行されていた。

さらにこの時期、石炭を積んでイギリスのカーディフを出港したドイツ商船〈ゲオルク〉もまた、上海に向かっているところを仏艦に拿捕されて同様にサイゴンに連行されている。[*9]

ちなみに、こうした東南アジアでの被害報告は、駐清北ドイツ連邦公使レーフュースも把握しており、現地に展開する北ドイツ連邦海軍の劣勢の故に、東アジアにおけるドイツ商船が十分な保護を得られず、この戦争がアジアでの通商関係に不利な影響を及ぼしているとビスマルクに報告している。[*10] 現地のドイツ商船が仏艦による拿捕を恐れて横浜や中国各地の港に足止めされていたことについては、第五章で見てきた通りである。

南米にて（一八七〇年九―十月）

仏艦によるドイツ商船の被害はこのとき南米にも及んでいた。

一八七〇年九月二日付の報告によれば、チリでは親独的な風潮の下、交戦国の軍艦が商船拿捕の目的で港を利用できないとする宣言が発せられ、そこでドイツ商船は保護され、さらにはドイツの負傷兵のための寄金も設けられたという。[*11] ちなみに、チリのバルパライソには仏艦四隻が展開していた。

だが、仏艦の餌食になったドイツ商船もあった。ブエノスアイレスからの九月二十三日付報告によれば、その前々日にドイツ商船〈タリーア〉が仏艦によって拿捕され、ウルグアイのモンテビデオに連行されている。[*12] ドイツ側は中立港でドイツ商船からの没収品を売却しようとする動きに強く抗議した。

また、ブラジルのペルナンブコ駐在領事からの十月十一日付の報告によれば、十五隻のドイツ商船が現地の港に足止めされているとのことであった。[*13] 但し、ブラジルでは当初、日本と同様に独仏戦争では中立を宣言するものの、交戦国の船舶（軍艦）はブラジルに寄港できるとしたのみならず、捕獲物の持ち込みも容認していた。それはフランス側にとって有利な内容であり、実際に九月十一日と十二日には、ドイツの商船〈コンコルディア〉と〈ルーツィエ〉の二隻が仏艦〈アムラン〉によって拿捕され、リオデジャネイロに乗員・積荷とともに持ち込まれていたのである。このときドイツ側は、仏艦による拿捕がブラジルの水域で行われたと見て仏艦がブラジルの中立を侵犯したと非難、ブラジル政府に対してその点を訴えると同時に、独仏戦争中には捕獲物の持ち込みを禁じるよう、中立法の改定を強く要求した。[*14] その結果、ブラジルでも十月十六日に中立法が改定され、フランス側のそれまでの動きが制限されることになったのである。[*15]

被害の実態とビスマルクの苦情

このようにフランスはグローバルな規模でドイツ商船を次々と拿捕し、ドイツに経済的な損害を与えていた。それは具体的にはどの程度のものだったのだろうか。

北ドイツ連邦宰相府が十月九日付で作成した資料によると、その数は二十七隻に及んでいる。しかしながら、このリストを見ると南米で被害に遭った〈コンコルディア〉〈ルーツィエ〉〈タリーア〉、さらにはエーゲ海で被害に遭った〈クーリエ〉が含まれておらず、完璧なものとはいえない。また、『ヴェーザー新聞』(恐らくはニーダーザクセンの地方紙『ダイスター・ヴェーザー新聞』と思われる)、さらにはその記事を転載した一八七〇年十月八日の『プロイセン官報』によれば、三十二隻が被害に遭ったと報じられている(ちなみに、これらの新聞記事にも右記の四隻は計上されていない)。そのため、宰相府では実態を把握すべくベルリンの外務省に照会している。[*16] 残念ながら、著者はこれに対する外務省からの回答を確認できていないのだが、これまでの情報を照合しながら見ていくと、開戦から約一カ月の間に少なく見積もっても三十六隻が仏艦の餌食になっていたと言えよう。

また、先述した『プロイセン官報』の記事に基づくと、被害に遭ったドイツ商船三十二隻の積荷数の合計は七千百二十一・五ラスト（積荷の重量単位で一ラスト＝約二トン）、乗員数のそれは三百八十一人にも及んだ。先述した理由から、実態はそれ以上であると見て間違いないだろう。

ちなみに、先行研究を見ると独仏戦争時に仏艦によって拿捕されたドイツ商船数をめぐっては、九十隻とするもの[*17]と二百隻以上とするものに大別できる[*18]。いずれの研究もその数値の根拠を示しているわけではなく、また著者もこれらの数値を裏付ける史料を見出せていないため、いずれが妥当か判別するのは難しいのだが、この後に見ていくドイツ商船の被害状況を含めても、拿捕された商船が二百隻以上というのは多すぎるように感じられる。第五章で仏艦に足止めされていたドイツ商船の数（145頁参照）を踏まえて考慮すると、二百隻以上というのは仏艦によって拿捕されたものと現地の港に足止めされたものを合計したものと見た方がよいのではなかろうか。いずれにせよ、その被害は決して看過できるような規模ではなかったことは確かである。

こうした事態に対して、ビスマルクは軍事的には為す術がなく、各中立国に対してドイツ商船がこれ以上の被害に遭わないよう中立義務を遵守することを求めたか、場合によっては中立規則の改定を求め、敵国フランスに対しては国際法違反を訴えるなど、外交的に対応するしか選択肢がなかった。そして彼は、拿捕されたドイツ商船の船長たちが、本来であれば捕虜としてさえ見なされえないところ、フランス側によって「罪人」として扱われ、虐待されるなど悲惨な待遇にあるという情報に接すると、フランス国防政府に対して十月四日付で強く抗議した。[*19] このなかで彼は、拿捕されてダンケルクに連行されたドイツ商船〈プファイル〉の船長、さらにはブレストに連行された〈ラナイ〉の船長がフランスのムーランに移送され、そこで国際法や人道に反する待遇下で収容されているとしてフランス側を戦争法規や国際法に違反していると非難、すぐさま待遇の改善を要求するとともに、それが容れられない場合にはドイツにいるフランス人捕虜に対して然るべき報復措置を採るだろうと申し入れたのである。

これに対するフランス側の回答は十月二十八日付に出された。そのなかでフランス側は次のように反論するのであった。

わが国が彼ら［ドイツ商船の乗員］を捕虜として扱うのは、私掠行為や捕獲物に関するあらゆる命令にその痕跡をとどめている国際法規を適用しているために過ぎず、その国際法規に対しては、これまでどの政府も異議を唱えていないはずである。商船隊は、それが人員であろうと物資であろうと、交戦国の復興を助け、徴用されれば真っ先に戦争の道具へと転用できるようにしておく海洋大国の手段であり続ける。そうであるが故に商船は、接近してくるであろう敵海軍に直接拿捕されるのである。事実、商船の乗員が、軍当局がいかなるときも軍務のために必要とする士官や水夫から構成されるのは明らかであり、彼らを敵国の作戦行動にまったくの無関係な存在と見なすわけにはいかない。

そしてフランス側は、この件については十五世紀から受け継がれてきた諸規定と「五百年以上にわたって認められてきた伝統」に反してビスマルクの要求を受け入れる必要性を感じていないこと、さらに、捕虜の待遇で言えばフランスはプロイセンよりも（特に金銭面で）優れていると弁明して、ビスマルクの苦情と要求をきっぱりと退けたのである。[*20] ビスマルクがこれに納得しなかったのは当然のことである。彼は十一月十六日付で再度フランス側に対して前回同様の脅しも含めながら抗議するものの[*21]、それが容れられた形跡は認められない。そこで彼は十二月六日、政府系の新聞でビスマルクが世論対策としてよく利用する『北ドイツ一般新聞』を通じて、先に見た十月四日付フランス国防政府宛文書とそれに対するフランス側からの十月二十八日付回答を公開した。[*22] 国内世論を喚起してフランスの国際法違反を強くアピールするためであったと見て間違いないだろう。

しかしながら、フランス側の姿勢に変化はなく、状況は一向に改善しなかった。ここに見られるフランス側の頑なな姿勢の背景には、九月に取沙汰された講和条件にフランス領アルザスとロレーヌ地方の一部の割譲が含まれていたこともあって徹底抗戦の姿勢を採っていたこともあるのかもしれない。そのためビスマルクは、未だパリが陥落していない状況にあっては、フランスに対しては――たとえ米国の仲介があったとしても――国際法を引合いに出した外交には限界があると（もしかしたらこの頃から）感じつつあったのかもしれない。いやそれどころか、グローバルな規模で襲われるドイツ商船の被害を前に、パリ宣言そのものに対して彼自身が幻滅しつつあったのではなかろうか。

そんなビスマルクをさらに苛立たせ、外交的にも追い詰めるような出来事が起こった。フランスの巡洋艦〈ドゼ〉（Desaix）によるドイツ商船への襲撃である。

二　ビスマルクの苛立ちと幻滅

仏艦〈ドゼ〉の跳梁（一八七〇年十月）

フランス海軍に所属する巡洋艦〈ドゼ〉は十月、北海にて次々とドイツ商船を拿捕し、その無双ぶりをドイツ側に知らしめた。

この件に関して著者が確認できた独英双方の外交文書に記載されている内容を、時系列順に整理すると次のようになる。はじめは十月十四日、ノルウェー沖を航行していたドイツ商船〈シャルロッテ〉が襲われ、沈められた。[*23] その一週間後の二十一日には、スコットランドのフォース湾外に位置するメイ島の東沖を航行中のドイツ商船〈ルートヴィヒ〉が襲われて炎上、[*24] 別のドイツ商船〈フォアヴェルツ〉もこの日に襲われた。そしてさらにその一週間後の二十八日には、イギリス南東部のダンジネス沖を航行中のドイツ商船〈フライ〉が拿捕されたのである。わずか二週間で合計四隻の商船が立て続けに仏艦〈ドゼ〉の餌食になったことになる。

もちろん、このときもビスマルクはフランスの国際法違反を訴えた。十一月二十三日、彼は仏艦〈ドゼ〉が拿捕した船舶を捕獲審検所の判決が出る前に炎上させたことがそれに該当するとしてフランスの非を鳴らし、それを各中立国に訴えたのである。さらに彼は駐仏アメリカ公使ウォッシュバーンを通じてフランスにもその旨訴えた。[*25]

だが、このとき問題となったのは、いや、ビスマルクが注目したのは〈フライ〉が拿捕された場所であった。〈フライ〉に乗船していたイギリスの水先案内人の十一月五日付供述書によると、この商船は中継地であったスコットランドのグラントンを出港後、プリマスに向けて航行中、十月二十八日午後五時に仏艦〈ドゼ〉に発見・拿捕されたというのだが、そこはイギリスの南東部のダンジネスから一・五マイルの沖合、すなわちイギリスの水域だったというのである。[*26]

もしこれが事実であれば、このときの仏艦〈ドゼ〉の行動は明らかに国際法違反ということになる。少なくともビスマルクをはじめドイツ側は、間違いなくそのように認識した。これならば、さすがのイギリスも重い腰をあげてドイツ側に立ってフランスに対して外交的圧力をかけてくれるのではないだろうか。グローバルな規模で続発する仏艦によるドイツ商船の拿捕に対して何ら効果的な対応ができなかったビスマルクが、そのように期待したとしてもおかしくはない。

駐英北ドイツ連邦大使ベルンシュトルフは先に見た十一月五日付供述書を添えて、十一月八日付でこの件をイギリス外相グランヴィルに送付、イギリス政府がフランスに対してドイツ商船〈フライ〉の引き渡しと、仏艦による拿捕に伴って生じた損失の補償を求めるよう要請したのであった。[*27] 先に紹介した、フランスの国際法違反を各中立国に訴えるよう求めた十一月二十三日付の各中立国駐在北ドイツ連邦大使／公使宛の訓令のなかで〈フライ〉の事例も併せて伝えられたことは言うまでもない。

イギリスの鈍い反応

さて、これにイギリスはどのように対応したのだろうか。

十一月八日付文書に対するイギリス政府の回答は、十二月六日付でベルンシュトルフに送付された。このなかでイギリス外相グランヴィルは、駐仏イギリス大使ライオンズにこの件で連絡をとり、フランスの法律と現地の捕獲審検所の慣行の許す範囲内で〈フライ〉の船長を支援するものの、現地の捕獲審検所が公正な審検をするとの見通しから、判決が出るまではフランス政府に抗議するのは延期した方が望ましいと回答したのである。[*28]

この内容は、ビスマルクにとって期待外れなものであった。現地の捕獲審検所での判決が下されるまではイギリス政府は静観すると言ってきたからである。〈フライ〉をめぐる審検は一体いつ開かれるのか。〈フライ〉の船長に弁護士はつけられるのだろうか。当然のことながら仏艦〈ドゼ〉の艦長はイギリスの領海外で〈フライ〉を拿捕したと主張するのだから、フランスで開かれる審検が自国に不利になるような判決を下すのだろうか。こうした不安と疑問がビスマルクの脳裏に浮かぶが、それに対して明るい展望を持てるほど彼は楽天的ではなかった。[*29]

ちなみに、彼の不安は後日的中することになる。〈フライ〉をめぐる審検の決定は翌七一年二月二十一日（既に独仏間で停戦協定が結ばれ、仮講和条約交渉中）に下されるのだが、そこでは仏艦〈ドゼ〉の艦長の証言が認められるのである。[*30]

時計の針を七〇年十二月に戻そう。先述した不安と疑問から、このときビスマルクが欲していたのは、〈フライ〉をめぐる問題をフランスの捕獲審検所に任せるのではなく、イギリスが外交的に対応すべきであるというものであった。彼はその旨をベルンシュトルフに伝え、十二月十二日付でグランヴィルに申し入れたのである。[*31]

だが、その翌日に出されたグランヴィルの回答は、この件を駐仏イギリス大使ライオンズに依頼するとあるだけで、ビスマルクの期待に大きく反するものであった。[*32]

苛立ちと幻滅

このときビスマルクの苛立ちと不満は頂点に達した。

フランスの首都パリを攻囲して三カ月が経とうとしていた。戦局全体におけるドイツ軍の優勢に変わりはないものの、パリが陥落する気配も、そしてフランスが講和に応じる気配も見られない。しかも洋上では、既に第四章で見てきたように、フランス海軍は特にバルト海において実力を伴う海上封鎖を行っていなかった可能性があるばかりか、パリ宣言に抵触するようなドイツ商船の拿捕をグローバルな規模で展開していた。そして、こうしたフランス海軍の動きは国際法違反だと訴えても（米国が仲介に入ったにもかかわらず）事態は改善の兆しが全く見られなかったからである。

だが、彼の苛立ちの矛先はフランスのみならず、イギリスにも向けられていた。振り返ってみれば、独仏戦争勃発直後に見られたイギリスからフランスへの武器輸出問題でも、イギリスとの間にひと悶着あったことは第三章で既に見てきた通りである。だが、パリ宣言違反のおそれがあるフランス海軍の動きのみならず、仏艦〈ドゼ〉が中立国イギリスの水域でドイツ商船〈フライ〉を拿捕するという国際法違反の疑いに対しても、イギリス政府はフランスに対して苦情を入れるどころか、何ら外交的措置を採っていないのである。確かに客観的に見れば、このときのイギリスの対応は冷静であったと言えるだろうが、ビスマルクの目には、イギリスは中立国としての権利・義務を行使しようとせず、さらには、フランスがパリ宣言に違反しているような動きに対しても、パリ宣言調印国としての義務を果たそうとしていないように映ったのである。そうなると、パリ宣言をはじめ国際法を遵守して必死に自国の商船を守ろうとしているドイツ側だけが馬鹿を見ているのではないか。

それはまさに、グローバルな規模で猛威を振るうフランス海軍に対して、パリ宣言をはじめとする国際法があまりにも無力であり、それに幻滅するビスマルクの姿であったと見ることもできるだろう。

かくしてビスマルクは、十二月中旬に反撃に転じるのである。

三　海軍の反撃

〈アウグスタ〉出撃

一八七〇年十二月十四日、北ドイツ連邦海軍の無掩蓋コルベット艦〈アウグスタ〉がキール港を出港した。[*33]
独仏戦争勃発時に修理中だったこの艦は、修理を終えるとダンツィヒにて、八月にバルト海で仏艦に夜襲をかけたコルベット艦〈ニュンフェ〉（130頁参照）の乗組員を補充した後にキールに移動、そしてこの日、〈ニュンフェ〉に乗艦してバルト海にて仏艦に夜襲をかけたヴァイクマン海軍少佐の指揮の下、大西洋に向けて出港したのである。[*34]

その目的は、プロイセン参謀本部が編纂した『独仏戦史』や先行研究が異口同音に主張するところでは、イギリスやアメリカ合衆国からフランスへの兵器等の輸出を妨害するためであったとされている。[*35] 既に第三章第三節で見てきたように、独仏戦争中も米国が（特に第二帝政崩壊後はフランス国防政府に対して好意的となり）フランスに対して武器を輸出していたこと、さらに戦時禁制品と見なすか意見が分かれる石炭なども、イギリスがフランスに輸出していたことは確かである。

残念ながら著者は〈アウグスタ〉出撃に直結するビスマルクの指示を確認できていないため、確言することができないのだが、もし『独仏戦史』や先行研究の主張がその通りであれば、ビスマルクはこの時点（すなわち一八七〇年十二月中旬）で七月十八日付のヴィルヘルム一世布告——いわゆる対仏商船保護宣言（103頁参照）——の撤回のみならず、場合によってはパリ宣言からの逸脱を決断していたことになり、後述する第四節の内容を踏まえると、それは十分あり得ると評価できるのである。

先行研究のなかには、〈アウグスタ〉がダンツィヒを出港した一八七〇年十一月の時点でビスマルクがそのように方針を変更したと主張するものも見受けられる。[*36] だが、既に見てきたように、十一月の時点では彼はイギリスとフランスの出方を窺っているところであり、しかもまだそれらに多少なりとも期待を抱いていた節が見られるため（仏艦〈ドゼ〉の件に対するイギリスの回答が十二月六日付、それに不満を示して再度イギリス側に申し入れたのが十二月十二日付、その一

フランス商船を襲うコルベット艦〈アウグスタ〉（左）（A. キルヒャー画）

方で拿捕されたドイツ商船の乗員の待遇をめぐるフランスとの交渉が進展しないことに苛立ってビスマルクが『北ドイツ一般新聞』にて関連文書を公開したのは十二月九日のことである）、この件に対するビスマルクの方針転換が十一月に行われたとするのはいささか早計であろう。

フランス船を拿捕

キールを出港した〈アウグスタ〉は、十二月下旬にアイルランド南西部のベアヘイヴン（キャッスルタウンベア）の沖合に停泊、そこで補給を受けると、フランス海軍の拠点であるブレストに向かった。だが、そこでは商船を見つけられず、そのまま大西洋を南下した。

翌一八七一年一月四日、フランス西部の都市ボルドーの北側を走るジロンド川の河口にて、〈アウグスタ〉は軍の食糧を輸送する二隻のフランス商船を発見、これらを拿捕することに成功した。さらに同日午後にフランス政府の輸送船を一隻発見すると、こちらも拿捕することに成功したのである。ちなみにこれら三隻のうち、前者の二隻は本国に送致するのだが、後者はその場で火を放って沈没させた。[*37]

この事態をフランス海軍が放置するわけがない。その後〈アウグスタ〉がそのまま南下してスペインの港湾都市ビーゴに入港すると、これを追ってフランスの装甲フリゲート艦二隻と通報艦一隻がビーゴに接近した。このため、〈アウグスタ〉はビーゴから出港することができず、そのまま停戦を迎えることになる。

四 乾坤一擲――ビスマルクのパリ宣言への挑戦

パリ宣言からの逸脱を示唆

〈アウグスタ〉がキールを出港した後、ビスマルクは外交面でも対抗措置を講じた。それは、パリ宣言に対する挑戦と受け止められるようなものであった。

十二月二十二日、イギリスの反応に失望したビスマルクは駐英北ドイツ連邦大使ベルンシュトルフに第百八号訓令を送った。[*38] このなかで彼は、イギリスがフランスのパリ宣言違反を咎めようとせず、宣言署名国としての義務を疎かにしていることを次のように非難した。

イギリスが交戦国を洋上で監視し、自国の貿易にとって不利な干渉を阻止することを心掛けているのをわが国は見慣れており、海戦の場にてイギリスの軍艦旗が見当たらないのは稀なことである。今次の戦争においてそのような監視は、私が見るところでは、イギリスも署名する一八五六年のパリ宣言が海上封鎖に対して、海上封鎖された沿岸の利益のみならず、通商に従事する諸国民の利益を図って制限するような基準を設けているため、そしてフランスがわが国に対して行っている海戦の場がイギリス沿岸に近いところであるので、一層期待されている。それにもかかわらず、わが国沿岸にイギリスの軍艦旗が現れたことも、フランスの文言だけの海上封鎖に対してイギリスが異議を唱えたことも耳にしてはいない。

このときビスマルクが俎上に載せたのは、仏艦〈ドゼ〉によるドイツ商船の拿捕ではなかった。ドイツ商船の積荷は中立国のものであるため、パリ宣言の第二条もしくは第三条が適用されるはずだが、例えば石炭のように、パリ宣言の保護対象とならない戦時禁制品と見なされるものもあるので、これではフランスのパリ宣言違反を訴えづらい。そこで彼は、八―九月のフランスの艦隊によるドイツ沿岸への海上封鎖に焦点を当てた。既に第四章で見てきたように、特にバルト海の一部においてフランスは実力を伴わない海上封鎖をした可能性が極めて高く、こちらであればフランスのパリ宣言第四条違反を訴えやすく、理解も得られやすいと見たからである。

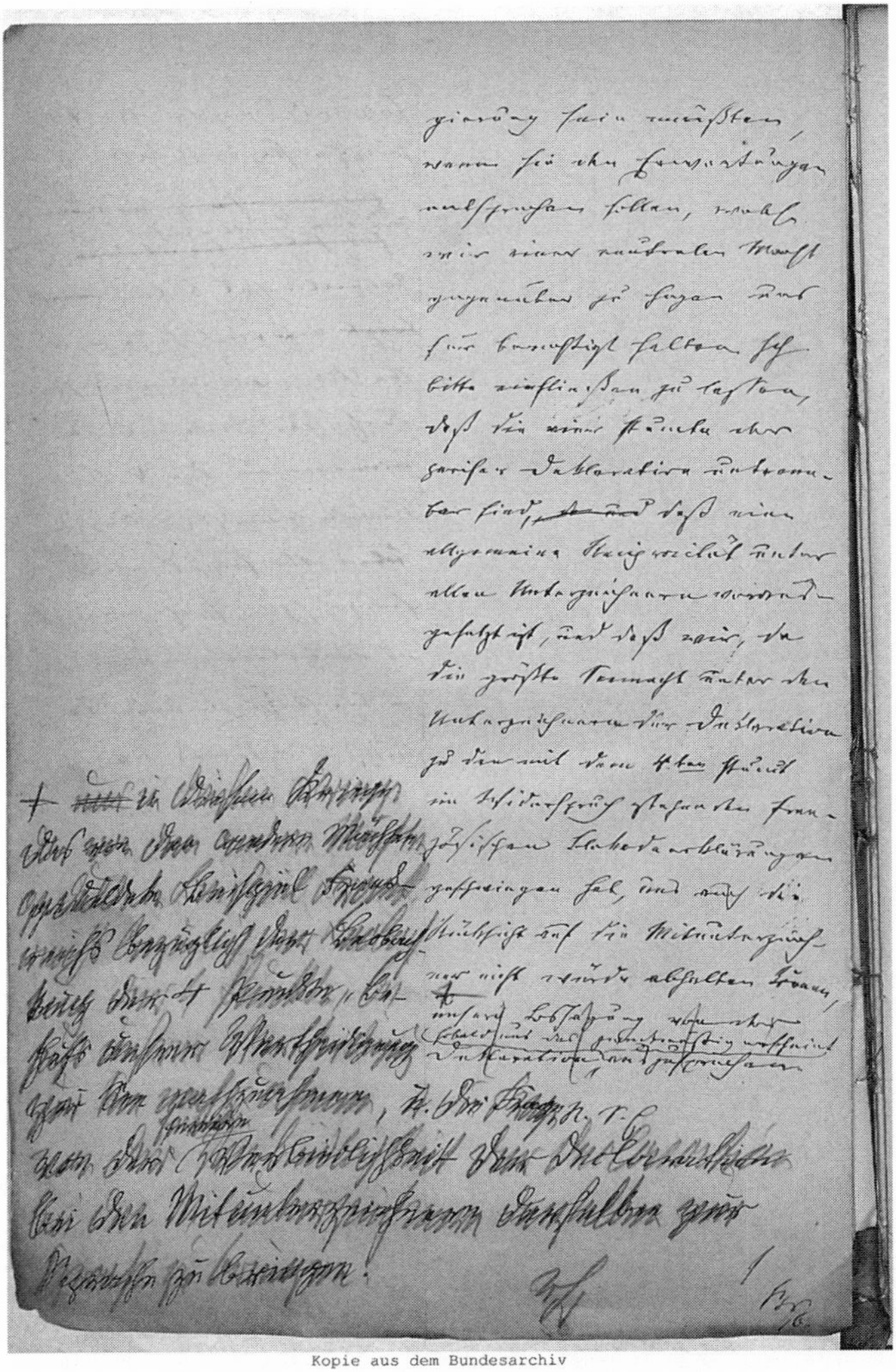

1870年12月22日付ビスマルク発ベルンシュトルフ宛第108号訓令より。左下余白への書き込み部分がビスマルク自身による加筆箇所（BArch, R 901/33622）

そして、彼は次のようにベルンシュトルフに指示を出すのである。

パリ宣言の四条項が不可分のものであり、全署名国の下で一般的な互恵主義が前提であること、署名国の中で最大の海軍国〔イギリス〕が〔パリ宣言〕第四条に違反するフランスの海上封鎖宣言に沈黙しているため、わが国は他の署名国を考慮してみても、この戦争においてわが国〔の商船〕を洋上で守るために、四条項の遵守に関して、他国が黙認するフランスの事例を模倣することや、〔パリ〕宣言のさらなる拘束力の問題を他の署名国と議題にすることを妨げることはできないであろうということを伝えてもらいたい。（傍線部はビスマルク自身による加筆箇所）

このなかでビスマルクは、フランスのパリ宣言違反をイギリスが黙認するのであれば、ドイツ側がフランスと同様のことをしても文句を言われる筋合いはないとイギリスに脅しをかけて詰め寄るのである。デンマークの海事史家レムニツァーはこの部分を「〔パリ〕宣言からの脱退」と解釈するのだが、[*39] ビスマルクはフランスに対してはパリ宣言に拘束されないと言いたいのであるから、ここはパリ宣言からの「脱退」というよりも条件付きの「逸脱」と理解すべきではなかろうか。ただ、いずれにせよ、プロイセンが対象を限定しているとはいえ、パリ宣言に拘束されないということは、パリ宣言の効力にネガティヴな意味で深刻な影響を与えることにつながるのは確かであろう。さすれば、イギリスといえども譲歩してドイツ側の主張に耳を傾けてくれるかもしれない——恐らくはそれがビスマルクの計算であった。

パリ宣言加盟国への打診

翌二十三日、ビスマルクは大本営のあるヴェルサイユからベルリンにいる外務長官ティーレに宛てて、第八十二号訓令を発した。このなかでビスマルクはパリ宣言第四条を引合いに出して、フランスが北ドイツ沿岸に対して行った海上封鎖は実力を伴うものではなかったことは明らかであること（これに関する実態調査が九月に行われたことについては第四章を参照）、パリ宣言の四条項が密接不可分のものであるとした上で、フランスが第四条に違反している以上、ドイツ側はフランスとの戦争が続くなかでこの宣言に果たして（どの程度）拘束されるのか、「この問題に関する陛下の決断を仰ぐ前に」宣言加盟国並びに（北ドイツ連邦に合流してドイツ帝国を構成することになる）南ドイツ諸邦の反応を確かめておきたいとして、各国に打診するよう指示を送ったのである。[*40]

この指示は、十二月二十八日付のビスマルクの追伸を待ってから発動された。同日付でティーレはイギリス、ロシア、オーストリア゠ハンガリー、イタリア、オスマン帝国、ベルギー、オランダ、ポルトガル、スウェーデン゠ノルウェー、デンマーク、ギリシア駐在北ドイツ連邦大使／

公使並びにバイエルン、ヴュルテンベルク、バーデン駐在プロイセン公使宛に回状を発した。フランスのパリ宣言第四条違反は「わが国にとって焦眉の重大案件」であるとして、「フランスの海上封鎖がパリ宣言の規定に合致していないという事実が正しいとしたとき、わが国がフランスに対してパリ宣言にもはや拘束されないという見解に各国が与《くみ》してくれるか」各国政府に打診し、すぐにその反応を報告するよう指示が出されたのであった。[*41]

その一方でビスマルクは、十二月三十一日付でドイツ沿岸にある各港湾都市駐在領事宛に回状を発して、フランス海軍による海上封鎖の実態について改めて調査を命じ、フランスのパリ宣言違反を立証しようと努めたのである。[*42]

各国の反応

①フランス海軍による北ドイツ沿岸に対する海上封鎖は実力を伴わずに行われたこと（パリ宣言第四条違反）、②これを受けてプロイセンを含む北ドイツ連邦はフランスに対してはもはやパリ宣言に拘束されないということ——これら二つの主張に対して、各国はどのような反応を示したのだろうか。

翌一八七一年一月十一日までに寄せられた主要国の回答を見てみよう。[*43]南ドイツ諸邦からの回答を見ると、①と②のいずれに対してもビスマルクの主張に同意している。ドイツ皇帝即位宣言式を目前に控え、バイエルン、ヴュルテンベルク、バーデンはビスマルクに完全に歩調を合わせてきたと見ることができよう。

しかしながら、パリ宣言加盟国の反応はこれとはいささか異なるものであった。①に対しては概ね各国の同意を得られたものの、②に対してはそうはいかなかった。イギリスとロシア、スウェーデン＝ノルウェーは回答を保留、[*44]デンマークはフランスに気兼ねして回答を回避、[*45]オーストリア＝ハンガリーとオランダ、イタリアはビスマルクの主張に賛同しなかったのである。[*46]ちなみに、イギリスは一月二十三日付で公式回答を表明、その内容は①と②いずれにも異議を唱えるものであった（これはオスマン帝国からの回答も同様である）。[*47]

これは恐らくビスマルクが期待した反応ではなかったであろう。ドイツ側が対象をフランスに限定したとしても、パリ宣言から逸脱した行為を採ろうとすることに、パリ宣言加盟国は否定的であり、この件で各国の外交的支持を取り付けることは極めて困難であろうということが判明したからである。

だが、ここで彼は引き下がらず、②に対する具体的な措置を示すのであった。

対仏商船保護宣言の撤回

一八七一年一月十二日、ビスマルクは各国駐在大使／公使に宛てて次のように打電した。

わが国は戦争勃発時に、戦時禁制品を積んでいないフランス商船の拿捕・没収の放棄を布告したが、わが国の商船隊に対するフランスの振舞いの故にそれを撤回せざるを得ない。先の布告を信じて中立国の荷物がそのような船舶に積み込まれていることがあるため、わが国は本日から四週間後にこの措置を実施することになるだろう。[*48]

このときビスマルクは、フランス商船は北ドイツ連邦海軍による拿捕・没収の対象ではないことを定めた一八七〇年七月十八日付のヴィルヘルム一世の布告、いわゆる対仏商船保護宣言を撤回することを各国に通知するよう指示したのである。それはすなわち、北ドイツ連邦海軍もフランス海軍と同様に、パリ宣言に拘束されずフランス商船を襲撃し、拿捕することを意味するものであった。

ちなみに、レムニツァーが指摘するように、ビスマルクは一八七一年一月九日付駐英北ドイツ連邦大使ベルンシュトルフに宛てた長文文書（これは翻訳されてイギリス政府に提示されている）のなかで、フランスが拿捕したドイツ商船の乗組員に限らず、フランスによる国際法違反の事例を二つのリストにまとめてその非道ぶりを強調するのだが、その際に仏艦〈ドゼ〉の話にも言及し、「それ故にドイツ船はフランス船に対して報復措置を採ることが指示されるであろう」とあるので、[*49]ビスマルクは遅くともこの時点で、対仏商船保護宣言の撤回と独艦によるフランス商船の襲撃を考えていたと見てよいだろう。

この一月十二日付回状はヴェルサイユの大本営から各国駐在大使／公使宛に直接発せられた後、一月十七日付でベルリンの外務省並びに海軍省にも伝達された。[*50] そしてヴェルサイユ宮殿「鏡の間」にてヴィルヘルム一世がドイツ皇帝に即位する旨の宣言式が行われた日の翌日にあたる一月十九日、ビスマルクはヴィルヘルム一世に対し、対仏商船保護宣言の撤回について、その裁可を求めたのであった。[*51]

その理由について、ビスマルクは次のように説明している。

この布告［一八七〇年七月十八日付の対仏商船保護宣言］は、交戦国に対して国際法上認められている敵国の商船を拿捕し没収する権限が内的正当性を欠くという、年々一般的になっている確信や、さらに、フランスが同様の命令を発するか、少なくともドイツ商船に対してその権限を行使するにあたって、進歩が文明化された国民の一般的な礼節に義務と課すような配慮をするであろうという期待にその理由がございました。

この期待は満たされないままであります。フランス海軍の行動は全て主にドイツ商船の没収に限定されるものであり、この乗組員の一部は容赦ない扱いを受けており、最近ではフランスの巡洋艦が公海上で拿捕した船舶に火を放つようになりました。

そのような状況下では、たとえそれ自体としては正しい原則であるとしても、この原則とは正反対のことをわが方に適用している国に対して、この原則に従い続けるとすれば、それはわが方の戦争遂行を損なうものとなるでしょう。

そして、一月十二日付で各国駐在大使／公使宛に打電した旨を報告した上で、対仏商船保護宣言の撤回をヴィルヘルム一世に奏上したのであった。

このときヴィルヘルム一世は「ドイツ皇帝」の称号をめぐってビスマルクと険悪な状態になっていたものの、[*52] これを承認した。その結果、対仏商船保護宣言の失効は二月十日からと相成ったのである。

反撃の効果

だが、これが独仏戦争に影響を与えることはなかった。パリがついに陥落し、一月二十八日に独仏間で停戦協定が結ばれたからである（停戦期間は二月十九日まで）。

しかも、その後の展開を見ても、ビスマルクによる外交上の反撃は英仏両国を動かすまでには至らず、その効果はないに等しいものであったと評価せざるを得ない。

まずはイギリスから見ていこう。仏艦〈ドゼ〉をめぐる動きでは、イギリスはビスマルクの苦情と要請を聞き入れず、それまでの姿勢を崩そうとしなかった。イギリス外相グランヴィルは二月三日付ベルンシュトルフ宛回答のなかで、フランスの捕獲審検所の決定が下されるまでは静観するとの姿勢を繰り返し伝えるだけであった。[*53]

これに業を煮やしたビスマルクは二月二十日、フランスの捕獲審検所に対するイギリスの見立てに異議を唱えた上で、仏艦〈ドゼ〉が中立国イギリスの水域内でドイツ商船を拿捕したという証言があるにもかかわらず、フランス側に対して何ら補償を求めようとせず、フランスの捕獲審検所の動きを待つばかりでは、中立国としての義務を果たしているとは到底言えないと強く非難した。そして、この件に関する独英双方の外交文書のやりとりをプレス上に公開して広く討議できるようにするとイギリス外相グランヴィルに伝達するよう、ベルンシュトルフに指示したのである。[*54] このやりとりを公開することでドイツ世論のみならずイギリス世論に働きかけてイギリス政府に揺さぶりをかけようというのがビスマルクのねらいであろう。そして、事態に変化が見られなかったために、彼は三月十四日の『北ドイツ一般新聞』紙上にて、予告通りこの件に関する独英間のやり取りを公開した。[*55]

次にフランスを見てみよう。ドイツ側優位で停戦となったにもかかわらず、仏艦〈ドゼ〉によるドイツ商船の拿捕をめぐっては、フランス国防政府はそれまでの態度を変えることはなかった。ちなみに、ドイツ商船〈フォアヴェルツ〉〈シャルロッテ〉〈ルートヴィヒ〉をめぐる審検の決定は二月二十三日に下され、いずれも「正当拿捕」とされた。[*56] そしてドイツ商船〈フライ〉については、一月から二月にかけての審検の結果、積荷はイギリス人商人のもとへ返却となったが、船舶（と乗組員）は「正当拿捕」とされたのである。[57]懸案の、仏艦〈ドゼ〉が〈フライ〉を拿捕した場所をめぐる議論については、それがイギリス水域外であったことが認められたのは先述した通りである。

そして、ビスマルクはこの流れを変えることができないまま、五月十日にフランスとの間にフランクフルト講和条約を結ぶことになった。その第十三条には次のようにある。

一八七一年三月二日以前に捕獲審検所にて没収されたドイツの船舶は、最終的に没収されたものとみなす。

上記の日付に没収されなかった船舶は、現存する限りにおいて積荷とともに返還されるものとする。船舶と積荷が返還できない場合には、売却金額に基づく価格を所有者に返還するものとする。[58]

以上、ビスマルクがドイツ商船を次々と拿捕していく仏艦の動きを前に、反撃に至った経緯とその効果について見てきた。それまで彼は、独仏海軍力の圧倒的格差の故に、パリ宣言や国際法に違反しているとしてフランスの非を鳴らし、外交的支持を得ることでフランスに外交的圧力をかけて状況を打開しようとしていた。だが、事態は彼の思うようには展開しなかった。そこで、仏艦〈ドゼ〉がイギリス水域でドイツ商船〈フライ〉を拿捕した容疑が浮上すると、フランスによるイギリスの中立侵犯を前面に押し出すことでイギリスを動かしてフランスに外交的圧力を行使しようと企図したのである。

ところが、フランスはおろかイギリスまでもが予想に反してビスマルクの苦情と要請に応えようとはしなかった。そこで彼は、独艦〈アウグスタ〉によるフランス商船の拿捕を容認すると同時に、フランスに対してはパリ宣言からの逸脱も厭わないことを示唆、そして実際に対仏商船保護宣言を撤回することで外交的な反撃に転じた。それは、パリ宣言を含む国際法違反の非を鳴らすだけではフランスを追い詰められず、イギリスを動かすこともできないと彼が思うに至ったことの現れであり、それは同時に、戦時に列強が力任せに出てきたときには、国際法は自国の利益を守ってくれないと幻滅していく過程であったと見ることができよう。国際法に挑戦する彼の反撃が奏功しなかったとき、それはビスマルクのパリ宣言や国際法に対する失望と不信感が頂点に達した瞬間であった。

だが、それがこのときのビスマルク外交に悪影響を与えることもなかった。独仏戦争がドイツの勝利に終わったため、これ以上追い詰められずに済んだからである。

終章

海からみたビスマルク外交

プロイセン・ドイツの政治家ビスマルクが、当時の国際海洋法ともいえる一八五六年四月のパリ宣言を引合いに出した外交を展開するのは、フランスとの対決が避けられなくなった一八六七年から独仏戦争が終結する一八七一年までの間であった。プロイセンの国益追求とヨーロッパ列強間の勢力均衡外交を主眼とするビスマルクが、何故そのようなことをしたのか。この問いは、海軍力で圧倒的な差のある大国と戦争になったとき、どうすればグローバルに活動するドイツ商船を守ることができるのか、という問いに直結する。

まずは、「はじめに」で提示した三つの視角（①ビスマルクの対米政策、②パリ宣言に絡む海事問題、③極東情勢）を織り交ぜながら、本書の内容を振り返ってみたい。

ビスマルクの方針転換とフランスとの対立

十九世紀半ばのドイツは政治的に分断状態にあり、ナショナリズムの影響を受けて統一国家を求める機運が高揚していた。そのような矢先にプロイセン首相となったのがビスマルクであった。彼はプロイセン君主主義を奉じる超保守的な思想の持主ではあったが、イデオロギーに囚われず「国家エゴイズム」に則って、大国としてのプロイセンの国益追求に取り組んだ。そのような彼が本来目指したものはドイツ統一などではなく、北ドイツにプロイセンの勢力を拡大して覇権を確立することであり、一八六四年のデンマーク戦争や一八六六年の普墺戦争は、こうした「官房政治」の範疇で行われたものである。

ところが、先行研究でもよく指摘されるように、一八六六年はビスマルクにとってターニング・ポイントとなった。普墺戦争を優位に進めるべく、彼はプロイセンの勢力拡大ではなく、プロイセンを中心としたドイツ統一（小ドイツ主義）を戦争目標に掲げた。ケーニヒグレーツの戦いで勝利を決定づけた瞬間、方便として用いたはずのドイツ統一が俄かに現実味を帯び、プロイセン国内でもビスマルク路線を支持・擁護する勢力が多数を占めるようになった。このような風向きの変化を利用して、彼はそれまでのドイツ連邦に代わり、一八六七年四月にプロイセンを盟主とする北ドイツ連邦を創設、自身の政治目標を実現させたのである。しかしながら、このとき彼が利用したナショナリズムは、コントロールできないほどまでに大きく高揚、自身の政策を後押ししていたこともあって、彼はドイツ統一に向けて舵を切ることになった。

このとき、普墺戦争での勝利によるプロイセンの勢力拡大に対する代償を要求するフランスに対して、ビスマルクはそれまでの官房政治的な手法によって、すなわち従来の国際政治において勢力均衡を維持すべく用いられてきた領土補償の考えに即して、ルクセンブルクを代償として考えていた。だが、かの地はドイツ固有の領土であるという主張とそれに伴うナショナリズムの高揚によって、そして普仏間のやり取りの行き違いも重なって計画が頓挫してしまう。その結果、普仏協調の可能性は潰えてしまい、ドイツ統一を前に両国は対決を余儀なくされるのであった。

当時フランスは、イギリスとグローバルな規模で植民地争いを繰り広げる大国であり、イギリスに次ぐ世界屈指の海軍大国でもあった。皇帝ナポレオン三世は、ヨーロッパではナポレオン一世の栄光と国土を復活させるべく、また東南アジアや中国にも植民地や勢力圏を獲得すべく精力的に動いていた。だが、メキシコ出兵に失敗したため、そしてそれが、自身の権力基盤を揺るがしかねないために、外交的巻き返しを図っているところであった。

そのような海洋大国フランスと対決するにあたって懸案となったのが、フランス海軍からドイツ商船をどのように保護するかという問題であった。ドイツ統一以前から、ハンブルクをはじめハンザ諸都市やプロイセンの商船は、アヘン戦争を機に情勢が大きく変動しつつあった東アジアに商機を求めて積極的に進出していった。プロイセンが日本や中国と国交を樹立したのもこの時期に該当する。ところが、現地に展開する商船を保護するだけの軍艦がプロイセンにはなかった。フランスとプロイセンの装甲艦保有数の比率はおおよそ八対一、ビスマルクに「わが方の海軍は、洋上でフランスの艦隊に太刀打ちできないだろう」と言わしめる有様であった。

そこでビスマルクは、アメリカ合衆国への接近を図った。

米国での軍艦調達の試み

ビスマルクはルクセンブルク危機が頂点に達した一八六七年四月、米国で軍艦を一隻調達しようと試みたのである。この試みは海軍側の反対にあって実現しなかったが、それでも彼は同年秋にも、そして独仏戦争開戦前夜にも再び同様のことを繰り返しているため、この試みが彼にとって一過性のものではなかったと評価できる。彼は、米国から直接軍艦を調達することで、普仏間の海軍力の格差を少しでも埋めようとしたかったのであろう。

もっとも、わずか一隻の軍艦を調達したからといってその格差が埋められるわけがない。このときのビスマルクのねらいは（プロイセン海軍省が考えていたような）米国で軍艦を調達してフランス海軍との間に壮烈な艦隊戦を展開するというものではなく、一八六七年四月に彼が述べているように、あくまでもフランスの商船を攻撃対象にした通商破壊にあった。

では、何故軍艦の調達先が米国だったのだろうか。その理由の一つは、ビスマルクが当時米国を「巨大な海軍力」を有する大国と認識していた点にあるだろう。以前は米国もプロイセンとそれほど変わらない海軍力しか有しておらず、私掠船に少なからず頼っていたのだが、南北戦争を経て一時的ではあったが海軍力を急激に増大させていた。そして、内戦終結に伴って大幅な軍縮に乗り出し、多数の軍艦を売りに出していたのである。この時期彼の許に米国の海軍技術に関する情報がもたらされていた点と併せて考慮すると、彼がそのように認識したとしてもおかしくはない。

だが、この時期に断続的に見られたビスマルクの米国での軍艦調達の試みは、米国では好意的な反応が見られ実現可能性が高かったにもかかわらず、いずれも実を結ぶには至らなかった。盟友ローンを大臣に頂くプロイセン海軍省がこれを退けたからである。その理由は、一八六七年のときには予算不足とプロイセン海軍の監視下で建造されていない軍艦を購入することへの懸念であり、独仏戦争勃発直前の一八七〇年のときには、海軍が欲しているのは「フランス艦隊に損害を与えることができる、実際に航海に適する船舶」であり、そのような船舶を米国が売却するはずがなく、ビスマルクが購入しようとしているであろうモニター艦ではその目的に合致しないからであった。

かくして、ビスマルクの対米接近政策の一つでもあった軍艦調達構想は、海軍の反対にあって水泡に帰したのであった。

パリ宣言改定に向けた動き

では、強大なフランス海軍に対して、海軍を増強せずして如何にしてグローバルに活動するドイツ商船を守ることができるのだろうか。一八六七年のルクセンブルク危機時に海軍が提示した代案が、パリ宣言の改定を米国に打診するというものであった。

パリ宣言では私掠活動の禁止を謳う一方、敵国の商船上にある中立国の積荷は、戦時禁制品でなければ交戦国の軍艦による拿捕・没収の対象とはならず、また、中立国の商船上にある敵国の積荷もまた、それが戦時禁制品でなければ同様に拿捕・没収の対象とはならないと定められていた。海軍はこのとき、パリ宣言にある商船保護の原則をさらに拡大させて、交戦国や中立国の如何を問わず民間船とその積荷は拿捕・没収の対象としてはならないということを「一般的な国際法として承認」してもらえれば、フランスとの戦争に際してもドイツの商船を守ることができると考えたのである。

かねてから米国はパリ宣言に対して、戦時禁制品を除く私有財であれば中立国のみならず交戦国のものであっても保護の対象とする修正案（マーシー修正案）を訴えていた。この点を念頭において、パリ宣言の改定を訴えれば米国の支持を得られ、イギリスをはじめパリ宣言加盟国を動かすことができると海軍は目論んだのである。しかも、バルト海沿岸の商人からも同様の要望が寄せられていた。

かくしてビスマルクは、パリ宣言改定を眼目にした対米政策を、軍艦調達の試みと同時に展開することになったのである。一八六七年に打診したときは米国の国内事情の故に実現しなかったが、独仏戦争勃発時にも彼がこの方針を放棄することはなかった。その現れが、一八七〇年七月十八日付ヴィルヘルム一世布告、いわゆる対仏商船保護宣言であった。これは、戦時であってもフランス商船は（戦時禁制品を積載していなければ）北ドイツ連邦海軍によって拿捕・没収されることはないというものであり、先述した海軍の主張を他国に先駆けて実践した形になる。パリ宣言の改定につながるこうしたドイツ側の措置を、米国が支持したことは言うまでもない。

ビスマルクがこのような大胆な措置に踏み切った背景には、フランスも相互主義の観点から同様の措置を採るだろうとの期待があった。さすれば、ドイツ商船もフランス海軍による拿捕・没収から守られることになるからである。

続出するドイツ商船の被害と現地の対応――極東の場合

だが、ビスマルクの期待は見事に裏切られることになる。ドイツ側の対仏商船保護宣言に対してフランスは相互主義を採らずパリ宣言を遵守するに留まり、北海や地中海、大西洋、さらには東南アジアや南米の各海域にて、フランス海軍はドイツ商船を次々と襲撃・拿捕していった。さらに各地に展開するフランスの諸艦隊は、現地に停泊しているドイツ商船をその港に足止めさせ、自由な航行を妨げたのである。こうして被害に遭ったドイツ商船は二百隻以上に上ると見られる。

これに対してビスマルクは、各地で襲撃・拿捕されたケースに対しては、その商船には中立国の私有財が積載されていたこと、捕獲審検所の判決を待たずに船舶を炎上・破壊したこと、中立国の水域内で拿捕したことなどを取り上げてフランスの国際法違反の非を鳴らし、それを国際社会にも訴えていった。また、各地で足止めにされている商船の保護に際しては、現地政府による中立宣言とその規定がドイツ商船にとって不利にならないよう、現地に駐在する外交官を通じて働きかけたのである。

その際、極東では興味深い動きが見られた。独仏双方の現場指揮官レベルで日本・中国水域の中立化に関する協定を求める動きが開戦直後に浮上したのである。その背景には、一八七〇年六月に勃発した天津教案の影響があった。暴徒と化した現地住民によってフランス人をはじめ外国人約二十名が命を落としたこの事件を前に、現地に展開する西洋列強は清朝中国に対して、軍艦を派遣して共同で事件の処理に当たった。アジアにおけるヨーロッパ協調が現地で必要とされていたまさにそのときに独仏戦争が勃発したことを受けて、現地の独仏双方の艦長同士が、停戦に向けた独自の動きを示したのである。この動きは一時実現しかけたが、フランス本国がこれを拒絶したためにご破算になった。

だが、この動きは米国やイギリスにとっても魅力的なものであり、一八七〇年十一月には米国が仲介し、イギリスの外交的支持を得る形で再び俎上に載せられた。だが、陸戦ではこのときパリが攻囲されて不利だったものの、海上では圧倒的優勢を誇るフランスがこれを呑むはずがなく、結局実現することはなかった。

このような状況下であるが故に駐日北ドイツ連邦代理公使ブラントは、横浜に展開する仏艦三隻からドイツ商船と軍艦二隻を守るために、なおさら国際法と日本（明治政府）の局外中立宣言に頼らざるをえなくなった。彼は日本の中立宣言の作成に深くかかわり、横浜での仏艦の挑発的行動に直面すると、単身東京の外務省に乗り込んで、ドイツ商船を守るべく中立規則の増補を認めさせた。だが、彼の性急かつ強引な行為の結果、事態はかえってドイツ側に不利な状況となってしまい、ドイツ商船は現地の港から出港できない状況が続くのである。

パリ宣言への挑戦——ビスマルクの反撃

このようにビスマルクは、グローバルに活動するドイツ商船をフランス海軍から守るべく、フランスの国際法違反を訴えると同時に、また中立を採る各国に対して外交的に働きかけていた。後者についてはある程度の成果があったと見ることができるが、前者については効果が全くと言ってよいほど見られなかった。米国はこの件では駐仏アメリカ公使ウォッシュバーンがビスマルクとフランス国防政府の橋渡しをして、フランスに囚われた乗組員の解放に向けて尽力し、また日本・中国水域の中立化協定に向けても一肌脱ぐ動きを示していたが、フランス側が全く相手にしなかったのである。そして、恐らくビスマルクが最も期待を寄せていたイギリスに至っては、彼の予想を裏切り、フランスのパリ宣言違反の容疑はおろか、イギリスの中立を侵犯した容疑に対しても、フランスに外交的圧力をかけるどころか、逆に一向に介入する気配すら見せなかった。

一八七〇年十二月の時点でのビスマルクの苛立ちは、ドイツ商船を各地で襲っておきながら、国際法に違反しているというドイツ側の非難を一顧だにせず平気で居直っているフランスに対してのみならず、パリ宣言に違反している可能性があり、しかも自国の中立を侵犯された可能性があるにもかかわらず一向に動こうとしないイギリスにも向けられていた。それは同時に彼のなかで、英仏両国に対して（あくまでも彼の眼から見て）このとき何の拘束力ももたないパリ宣言に対する期待が失望に変わった瞬間であったともいえよう。

そこでビスマルクは思い切った反撃に出た。独艦〈アウグスタ〉によるフランス商船の拿捕を容認する一方、パリ宣言加盟国に対して、フランス海軍によるドイツ商船の拿捕ではなく、フランス海軍による北ドイツ沿岸への海上封鎖が「実力」を伴うものではなかったこと（＝パリ宣言第四条違反）を訴え、しかもこれに対して他の加盟国（特にイギリス）が沈黙しているため、ドイツ側もフランスに対してはパリ宣言に拘束されることはないのではないかと主張してパリ宣言からの逸脱を示唆し、翌一八七一年一月十九日には、相互主義の観点からフランスが同様の措置を採ることを期待して発せられた対仏商船保護宣言を撤回したのである。

こうしたパリ宣言に真っ向から挑戦するようなビスマルクの乾坤一擲《けんこんいってき》の反撃が、果たしてどこまでポジティヴ／ネガティヴな意味で戦局やこの時期のビスマルク外交に影響を与えたのかについては、残念ながら評価は困難である。ビスマルクがパリ宣言からの逸脱を示唆してからわずか一カ月後、対仏商船保護宣言の撤回が公示されてから九日後の一月二十八日にパリが降伏、独仏間で停戦協定が結ばれたからである。それは、対仏商船保護宣言が無効になる約二週間前のことであった。つまり、ビスマルクの反撃に対する効果が現れる前に戦争そのものが終わったのである。

ビスマルクとパリ宣言

本書の概要を踏まえて冒頭で示した問いに答えるとすれば、ビスマルクは、北ドイツ連邦海軍に数で圧倒するフランス海軍に対してグローバルに活動するドイツ商船を守るための手段として、当時の国際海洋法ともいえるパリ宣言の改定を持ち出したということになる。まさに自国に都合のよい新たな国際社会のルールを作り出すことで、フランス海軍に数で圧倒的に劣る北ドイツ連邦海軍の不利を補おうとしたのである。

当初ビスマルクは、米国から軍艦を調達することでこれに対応しようとした。それが海軍力の強化に直結するからである。しかしながら、彼がこのとき米国から調達しようとしていた軍艦は恐らくモニター艦であり、南北戦争時に生まれたこの艦では、沿岸防衛には適していたものの遠洋航海には適していないため、グローバルに活動するドイツ商船を守ることもできなければ、フランスの通商破壊もできなかったであろう。ドイツ商船を守るという意味では、パリ宣言を改定して新たな国際ルールを提唱した方が、軍艦を一隻調達するよりもはるかに有効であり、外交の名手であるビスマルクの面目躍如たる対策であったと言えよう。

確かに、このときドイツ側が対仏商船保護宣言のなかで提唱した新たなルール——敵国の商船は拿捕・没収の対象にはしない——は、パリ宣言では必ずしも十分ではなかった戦時における公海上の私有財の保護をさらに発展させたものとして、当時では非常に画期的なものであった。だが、独仏戦争時にフランスはこれに対して相互主義の立場を採らず、各地でドイツ商船を次々と襲撃・拿捕していき、イギリスはパリ宣言を加盟国に遵守させるべく積極的に動こうとはしなかった。かくして期待を裏切られたビスマルクは、パリ宣言からの逸脱を示唆するのみならず、先述した新たなルールを撤回してフランスに一矢報いようとしたのであった。

パリ宣言、あるいはその不備を補った新たな国際ルール作りに対するビスマルクの失望の大きさは（実際にそのような陳情があったにもかかわらず）[*1]対仏商船保護宣言にみられるような規定をフランスとのフランクフルト講和条約に盛り込まなかったこと、そして海上捕獲と中立国・敵国の権利の問題に関する新たな国際ルールが一九〇九年のロンドン宣言まで待たねばならなかったことからも窺うことができよう。[*2] 結果として、このときの英仏の動きが、ビスマルクの失望と反撃を招くのみならず、パリ宣言そのものの有効性を損なわせる結果を招いてしまった。例えば、独仏戦争後のイギリスでは、パリ宣言を軽視するような発言が議会でも飛び出し、プレスでも取沙汰される有様となった。[*3]

このように見ると、この時期のビスマルク外交には、新たな国際ルールを生み出すチャンスがあったと評価できるのかもしれない。だが、フランスに対する反撃としてそのチャンスをビスマルク自身が潰していることに鑑みると、デンマークの海事史家レムニツァーが指摘するように、彼がこの問題の意義を十分に理解していなかったと見た方がよいだろう。[*4] それもそのはずである。彼にとっては、パリ宣言の不備を補う新たな国際ルールの策定それ自体は目標ではなく、フランスからドイツ商船を守るため、そしてこの問題で米国の支持を獲得するための手段でしかなかったからである。

ビスマルク外交におけるアメリカ合衆国

この点を踏まえて、このときのビスマルク外交における米国の位置づけについて考えてみたい。

かつて、浩瀚《こうかん》なビスマルク伝を執筆したドイツの歴史家E・アイクは、ルクセンブルク危機時にビスマルクが反ナポレオンのための同盟関係を見出す試みとして米国への接近が行われたと評価したことがある。[*5]だが、ルクセンブルク危機から独仏戦争までの間、ビスマルクは確かに米国に何度か接近したが、その目的が同盟を結ぶためのものではなかったことについては、本書が示した通りである。このとき彼が米国に求めていたのは普米同盟ではなく、軍艦の調達、パリ宣言改定に絡む問題での米国の外交的支持、あるいは（フランスに囚われたドイツ商船の船長や水夫の待遇問題、日本・中国水域での停戦・中立化構想に際して）米国からフランスへの働きかけといったものであった。この点については、かつてドイツの海軍史家W・ペッターは、フランスに対する抑止効果＝牽制手段としてビスマルク外交における米国を位置づけたことがあるが、ある部分においてはその通りだろう。[*6]

但し、本書の成果を踏まえて付け加えるのであれば、牽制の矛先はイギリスにも向けられていたと言えよう。イギリスは、ビスマルクの提唱するパリ宣言の改定に消極的であるばかりか、独仏戦争中にはパリ宣言の他の加盟国に対してそれを遵守させるのに積極的に動かなかったからである。この時期米国とイギリスは、第二章で見てきたように、〈アラバマ〉事件で対立状態にあったのだから、その効果は決して小さなものではなかった。

つまり、ビスマルク外交にとって米国は、あくまでもドイツの西側に位置する二つの大国を牽制するための手段であったに過ぎなかったと評価できるのではないか。確かに、アメリカ独立戦争以来プロイセンが一貫して親米的なスタンスを維持し続けていたという伝統的要素や、彼の親友がアメリカの外交官であったという極めてパーソナルな要素もあるため、このときの普米関係を今少し高く評価したくなるかもしれない。だが、独仏戦争中に米国がフランスに武器を輸出し続けていたというもう一つの事実に注目すると、ビスマルクと米国の関係を考察する際にバランスのとれた評価ができるのではなかろうか。普米修好通商条約によって米国がプロイセンの交戦国への武器輸出が保障されていたとはいえ、フランスがなかなか降伏しない状況下では彼を少なからず苛立たせていたことだろう。

明治政府へのメッセージ

最後に、本書での議論を踏まえた上で、「はじめに」で紹介した、ビスマルクの岩倉使節団に対する助言に今一度注目したい。このなかで彼は「ある大国が他国と衝突すれば、もし自国に有利であるという前提があれば国際法に従って対処するものの、そうでない場合は国際法を無視して〔軍事〕力に任せて自国の要求を主張するでしょう」と語っているのだが（3頁参照）、これが具体的に何を指しているかは、読者には自明のことであろう。果たしてこのときのプロイセン、あるいは北ドイツ連邦を「弱小国」と呼べるのかと問われると疑問だが、フランスの圧倒的な海軍力を前にドイツ商船を守れなかった彼にとっては「常に不利で惨めな状況」を強いられていたことは事実であり、彼にはそのように感じられていたのかもしれない。

極東からの来客に対するビスマルクのこうした助言は、「鉄血宰相」にまつわる強権的で武断的なイメージから生み出された神話などではなく、独仏戦争中に味わった苦い体験に基づくものであり、嘘偽らざる真意を伝えるものであったからこそ、一層真実味を帯びるものとして、明治政府を背負って立つ政治家の胸に深く刻み込まれたのである。

そしてこのあと日本もドイツも、ビスマルクがこの世を去った十九世紀末には本格的に海軍を増強し、急き立てられるようにこのときの時代潮流であった帝国主義の動きにのめりこんでいくことになるのである。

この皇帝出産は難産だった。国王たちというものは、保持しきれなくなったものを世に差し出す前のご婦人方のように、この期に及んでも気まぐれな欲望を抱くものだ。産婆たる私は、爆弾になって建物全体を爆破して粉々にしてやろうかと、何度無性に思ったことか。

（一八七一年一月二十一日付ビスマルク夫人ヨハナ宛、GW, XIV/2, 810）

今からちょうど百五十年前の一八七一年一月十八日、パリから約二十キロ南西に位置するヴェルサイユ宮殿「鏡の間」にて、プロイセン王ヴィルヘルム一世がドイツ皇帝に即位することを宣言する儀式が執り行われた。ここにドイツ帝国が誕生し、それまで政治的に分裂していたドイツがプロイセンを中心に統一されたのである。その最大の功労者が本書の主人公であるビスマルクであり、この式典は彼の政治人生のクライマックスに位置づけられるものであった（後日、その式典の様子を描いた絵が彼の七十歳の誕生日を祝して贈られている）。決して平坦な道のりではなかっただけに、さぞかし万感の思いに浸っていたであろうと思いきや、この日のビスマルクは、ここに引用した愛妻への書簡から窺えるように著しく不機嫌であった。一体何があったのか。

ドイツ皇帝即位宣言式(A.v.ヴェルナー画)

実は、華やかな式典の裏で、ビスマルクは皇帝の称号をめぐってヴィルヘルム一世と激しくやりあっていたのである。独仏戦争の最中にビスマルクは、プロイセンと共に戦ってくれる南ドイツ諸邦を粘り強く説得して、ドイツ統一についてようやく彼らの同意を取り付けたばかりであった。ここで強引に事を進めればせっかくのドイツ統一がご破算になるおそれがあるため、ビスマルクは彼らに配慮して「ドイツ皇帝」(Deutscher Kaiser)の称号を提案した。ところが、いつもはビスマルクの主張を受け入れるヴィルヘルム一世がこれに猛反発した。戦争の勝者であることを強く意識する彼は、ビスマルクの提案ではニュアンスが曖昧であるため、名乗るのであればドイツ全土に君臨するニュアンスを伴う「ドイツ〔国の〕皇帝」(Kaiser von Deutschland)を求めたのである。そして両者は一歩も譲らず、機嫌を損ねたまま式典に臨んだ。その場はバーデン大公フリードリヒが機転を利かせて「皇帝ヴィルヘルム万歳!」と掛け声をかけたことでおさまったものの、ビスマルクの苛立ちと不機嫌は一向に収まる気配がなく、先に見たように妻にもそれを漏らすほどであった。

しかしながら、このときビスマルクを苛立たせていた要因は、他にも見出すことができよう。ドイツ皇帝即位宣言式が執り行われている最中もフランスとの戦争は続いており、参謀総長モルトケの反対を押し切ってパリ砲撃までしているのに、一向にフランスが降伏してこないのである。それは一体何を意味するのだろうか。戦争が長引くことで他の列強が干渉してくる可能性が高まることなどが考えられるが、本書の成果を踏まえるならば、以下の点を付け加えることができよう。それは、グローバルに活動するドイツ商船が各地でフランス海軍の餌食となって経済的に大きな損失を出し続けることであり、それに対してビスマルクは事態を改善できずにいたのである。彼我の戦力差の故に北ドイツ連邦海軍が当てにならなかったため、彼は得意の外交を駆使して、すなわち戦時における商船保護に関する新たな国際ルールを提唱・実践することで、あるいはパリ宣言をはじめ既存の国際法を楯にとってフランスに対抗しようとした。だが、他の列強がこれに応じず効果が全く現れなかったため、挙句の果てに彼は(先に見た夫人宛の書簡にあるような破壊衝動ではないが)パリ宣言から逸脱し、自ら提唱したルールを撤回してフランス商船を攻撃することを国際社会に向けて発信するという、乾坤一擲の勝負に出たのであった。この賭けが新生ドイツ帝国に不利に作用するリスクもあったが、そうせざるをえないほどにまでビスマルクが追い詰められていたことは本書が示すとおりである。

独仏戦争をめぐっては、プロイセン軍を主体とするドイツ（陸）軍が序盤でナポレオン三世を捕虜にするなど終始戦局を優位に進めていたこと、これに勝利したドイツは政治的統一を実現してドイツ帝国を創建したこと、フランスとの講和条件（特にアルザス・ロレーヌ問題）やドイツ統一をめぐる南ドイツ諸邦との交渉、さらには先述した皇帝の称号をめぐる問題などで決して順調とはいえないものの、この戦争におけるビスマルクの政治外交がドイツの勝利と統一をもたらしたこと、おおよそこのような見方が一般的であろう。著者もこれらの見方に異論はない。しかしながら、視野をヨーロッパから日米を含めた世界全体に広げ、視点を「陸」から「海」に、統一問題やフランスとの領土問題から海事問題に変えて見ると、戦勝と統一という華やかな歴史の陰に隠れたもう一つの歴史が現れてくる。それは、戦時に国際法を楯にとってフランスに対抗しようとするもののそれが叶わず、国際法を変え損なうばかりか、それに幻滅するビスマルクの姿であった。従来のビスマルク外交や独仏戦争の歴史に、グローバルな視点から異なる彩《いろどり》を与えることで、その理解を深めてくれるのではないか。本書がその一助になってくれればと願うばかりである。

実は、著者は最初からこのような壮大なヴィジョンを見据えていたわけではない。きっかけは、ビスマルクの生誕二百周年に向けて前著『ビスマルク――ドイツ帝国を築いた政治外交術』（中公新書 二〇一五年）を執筆していたときである。ドイツ帝国成立以前のビスマルク外交に関する調査の一環で、リヴァプール文書館でダービ家の文書を調べていると、ビスマルクがルクセンブルク危機時に米国に接近しようとしていたことを記す書簡に遭遇した。恥ずかしながら当時はその重要性に気づくことができず、前著では言及しなかった。だが、その書簡を手掛かりに調べていけば、先行研究が少ないビスマルクと米国の関係について何かわかるかもしれないと思って研究を始めてみると、ルクセンブルク危機から独仏戦争の時期にかけてビスマルクが（米国との同盟を求めているのではなく）米国から軍艦を調達しようとしていたこと、さらに調べていくと同時並行でパリ宣言に関する外交を展開していたことが判明、そして戦時における商船保護という視点で捉え直してみると話はヨーロッパに留まらず、日本も含めたグローバルな規模へ一気に広がり、それをまとめたら本書のようになった次第である。地球上のあちこちで生じていた一つ一つの出来事が、このように一本の線で結びついて次第に大きな潮流になっていくのは、これまでの自分の研究で体験したことがなかったため、知的興奮を感じながら研究することができた。これが世界史（あるいはグローバル・ヒストリー）の醍醐味なのだろうと感じている。

本書を担当してくださったＮＨＫ出版の倉園哲氏とご縁ができたのは二〇一六年十月のある日、自分のなかでそのような全体像がようやく見えてきたときであった。註をつけてよいというお話だったので、二つ返事で彼の話に飛びついた。調子に乗ってつけていったら（前著では新書ということで註が全くつけられなかったこともあってか）その数はＮＨＫブックスでは異例の四百十六に上ってしまった。汗顔の至りである。だが、歴史学では実証が命、本書を支える史資料の一つ一つを一般読者にもどうしても知ってほしかった。倉園氏からは、歴史に詳しくない読者を置き去りにしないよう非常に細かく丁寧な助言と注意を何度もいただいた。可能な限り対応したつもりではあるが、著者の力不足の故に十分に対応できていないところもあるだろう。読者の皆様にはご苦労をおかけして申し訳ないのだが、右記の点を理解して本書にお付き合いいただけると幸いである（終章が本書全体の要約になっているので、最初に本書の全体像を把握したければそちらから読まれることをお勧めする）。

なお本書の一部は、既に発表した左記の論文を基にしており、いずれも本書にあわせるかたちで、加筆や誤りの修正を施している。

第一章　「ビスマルクとルクセンブルク問題」『史學研究』第二百八十一号（二〇一三年）

「ビスマルクとフランス・ナショナリズム」『西洋史論叢』第三十八号（二〇一六年）

第二章　「一八六〇年代後半のビスマルク外交とアメリカ合衆国――二つの対米打診を手掛かりに」大内宏一編『ヨーロッパ史のなかの思想』彩流社、二〇一六年

ドイツ帝国創建（あるいはドイツ統一）からちょうど百五十周年にあたる二〇二一年一月に、このような形で研究成果を三冊目の単著として上梓することができたのは、ビスマルク研究一筋

でやってきた人間にとって（ビスマルクの生誕二百周年の年に彼の評伝を中公新書から出せたのもさることながら）この上なく幸甚なことであった。確かに、このタイミングをねらって研究を進めてきたことは認めるが、二〇二〇年からの新型コロナウイルスの世界的規模での感染拡大によって思うように史料調査もできず、大学の一教員としてそれへの対応に時間と労力を著しく割かれ、ここまで疲労困憊を余儀なくされることになろうとは予想だにしていなかったからこそ、なおさらそのように感じている。だが、そのような幸甚を得られたのも、多くの方々から賜ったご指導やお力添えがあったからである。すべての方々のお名前を挙げることは紙幅の都合上叶わず心苦しいのだが、本書の生みの親となってくれた方々にはこの場を借りて御礼申し上げたい。

まずは、学部時代から二十年以上にわたって著者を導いてくださる恩師にして「親方」である大内宏一先生（早稲田大学名誉教授）、そしてイギリス政治外交史がご専門の君塚直隆先生（関東学院大学教授）からは、本書の全体にわたって懇切丁寧なご教示とご助言のみならず、温かい励ましの言葉を幾度となく賜った。また、先述したＮＨＫブックスの倉園氏は、本書をこのタイミングで刊行すべく年末年始を犠牲にして尽力してくださり、諸々の学内業務で押しつぶされそうな著者を「ビスマルクの世界」に引き戻してくれた。真っ先に御礼申し上げたい。

邦語史料については瀧井一博先生（国際日本文化研究センター副所長・教授）から、仏語史料については南祐三先生（富山大学准教授）から、そして、パリ宣言をはじめ海事問題については薩摩真介先生（広島大学准教授）から数々のご教示を賜った。彼らのご教示とお力添えがなければ、本書は成り立たなかったであろう。深く感謝したい。それと同時に、せっかく賜ったこれらを著者の理解不足や不注意の故に誤解・誤記してはいないかと恐れている。その場合は、深くお詫び申し上げるとともにご海容を賜ることができたら幸いである。

ビスマルク財団（Otto-von-Bismarck-Stiftung）の理事にして、ボン大学留学時代の恩師でもあるウルリヒ・ラッペンキューパー先生（Prof. Dr. Ulrich Lappenküper）には、いつも著者の研究活動を支えてくださり、本書を執筆する上でも資料や図版の提供などで大変お世話になった。ドイツ外務省文書館（Politisches Archiv des Auswärtigen Amtes）のゲルハルト・カイパー博士（Dr. Gerhard Keiper）には、ドイツでの史料調査でいつも大変お世話になっている。特に北ドイツ連邦期の外交文書をめぐっては、ベルリンにある幾つもの文書館をたらい回しにされることが何度もあったのだが、その都度彼に泣きつき、助けてもらった。新型コロナウイルス禍の故に二〇二〇年三月にベルリンでの史料調査を断念したとき、著者が欲していた史料のデータファイルをまとめて送ってくれた恩は一生忘れない。その点では、同様にこちらが指定した史料の複写依頼をオンラインで対応してくれたプロイセン枢密文書館（Geheimes Staatsarchiv Preußischer Kulturbesitz）のスタッフにも、とても感謝している。

未公刊文書の閲覧にあたっては参考文献一覧記載の各文書館のお世話になった。ダービ家文書の閲覧・複写・引用にあたってはリヴァプール文書館（Liverpool Record Office）から、ジョージ・バンクロフト文書の閲覧・複写・引用にあたってはマサチューセッツ歴史協会

（Massachusetts Historical Society）の許可を頂くことができた。ここに謝意を記したい。

また、本書は左記の研究助成による研究成果であることを付言しておく。

一、ＪＳＰＳ科研費　若手研究（Ｂ）「ビスマルク外交の再検討——独米関係の視角から」

平成二十七—二十九年度（課題番号一五Ｋ二一一八六／研究代表）

二、ＪＳＰＳ科研費　基盤研究（Ｃ）「ビスマルク外交と独仏戦争——海洋問題の視角から」

平成三十—令和二年度（課題番号一八Ｋ〇一〇三二／研究代表）

そして最後に、いつも見守ってくれている家族に心から感謝したい。

二〇二一年一月　ドイツ帝国創建（ドイツ統一）百五十周年の年頭に

飯田洋介

人名索引

あ行

か行

さ行

た行

な行

は行

ま行

や行

ら行

わ行

参考文献一覧

未公刊史料

Archives du ministère des Affaires étrangères, La Courneuve
【AMAE-La Courneuveと略】
2QO/64, 65, 66
P/10250 (59CP/20)
Bundesarchiv, Berlin-Lichterfelde【BArchと略】
R 901/33573, 33583, 33621, 33622, 86576
Bundesarchiv-Militärarchiv, Freiburg【BArch-MAと略】
N 587/8
RM 1/623, 946, 2319, 2320
RM 31/633
Geheimes Staatsarchiv Preußischer Kulturbesitz, Berlin (Dahlem)
【GStA PKと略】
III. HA MdA, I Nr. 5008/8-20
III. HA MdA, I Nr. 7905
III. HA MdA, I Nr. 10647
III. HA MdA, II Nr. 5568, 5578
Liverpool Record Office, Liverpool【LROと略】
920 DER (15), 12/1/9, 16
Massachusetts Historical Society【MHSと略】
George Bancroft Papers, Box 36, 38
The National Archives, Kew【TNAと略】
ADM 1/6150
ADM 125/15
FO 27/1806
FO 46/126, 127, 137
FO 64/599, 600, 601A, 604, 618, 619, 688, 689, 690, 691, 697A, 699, 716, 719
FO 262/185, 188

FO 881/1535, 1778, 1785, 1788, 1798, 1839, 1895
National Archives and Records Administration, Washington D.C.【NARAと略】
Microfilm Publication M44, Roll 16, 17
RG 45, Box 124
The New York Public Library. Astor, Lenox, and Tilden Foundations. Manuscripts and Archives Division【NY-PLと略】
George Bancroft Papers, Box 5
Politisches Archiv des Auswärtigen Amtes, Berlin【PA-AAと略】
R 6193, 6436, 11673, 11674, 11675, 17108
Peking II/261

刊行史料

外交文書・議会文書等

Die auswärtige Politik Preußens, 1858–1871. Diplomatische Aktenstücke, Bd. 8–10 (Abt. 3: Die auswärtige Politik Preußens und des Norddeutschen Bundes vom Prager Frieden bis zur Begründung des Reiches und zum Friedensschluß mit Frankreich), hrsg. von der Historischen Reichskommission unter Leitung von Erich Brandenburg/Otto Hoetzsch/Hermann Oncken (1935–36 unter kommissar. Leitung von Willy Hoppe, ab 1938 hrsg. vom Reichsinstitut für Geschichte des neuen Deutschlands unter Leitung von Arnold Oskar Meyer), Oldenburg i.O.: Gerhard Stalling 1934–39.【*APP*と略】
Becker, Josef (Hg.) (2003–07), *Bismarcks spanische „Diversion" 1870 und der preußisch-deutsche Reichsgründungskrieg. Quellen zur Vor- und Nachgeschichte der Hohenzollern-Kandidatur für den Thron in Madrid 1866–1932*, 3 Bde., Paderborn: Schöningh.【*BSD*と略】
Der deutsch-französische Krieg 1870–71, redigirt von der kriegsgeschichtlichen Abtheilung des Großen Generalstabes, 5 (in 8) Bde., Berlin: E. S. Mittler und Sohn, 1874–81.【*DFK*と略】
普魯西参謀本部戦史課編『千八百七十年千八百七十一年独仏戦史』

全12巻(日本参謀本部第四部訳)東京偕行社, 1907-10年.
United States Department of State (1871), *Executive Documents printed by order of the House of Representatives, 1870-71*, Washington D.C.: U.S. Government Printing Office【*ED (FRUS) 1870-71*と略】以下のウェブサイトで閲覧可能(2020年12月1日確認)。http://digital.library.wisc.edu/1711.dl/FRUS.FRUS187071
Die Große Politik der europäischen Kabinette 1871-1914. Sammlung der diplomatischen Akten des Auswärtigen Amtes, hrsg. von Johannes Lepsius et al., 40 (in 54) Bde., Berlin: Deutsche Verlagsgesellschaft für Politik und Geschichte 1922-27.【*GP*と略】
Les origines diplomatiques de la guerre de 1870-1871. Recueil de documents, publié par le Ministère des Affaires étrangères, 29 tomes, Paris: Imprimerie nationale, 1910-32.【*OD*と略】
Parliamentary Papers of the House of Commons【*PP*と略】
C. 244: Further Correspondence respecting the War between France and Germany: 1870-71, London: Harrison and Sons, 1871.
Platzhoff, Walter/Kurt Rheindorf/Johannes Tiedje (Hg.) (1925), *Bismarck und die Nordschleswigsche Frage 1864-1879*, Berlin: Deutsche Verlagsgesellschaft für Politik und Geschichte.【P-R-Tと略】
Oncken, Hermann (Hg.) (1967), *Die Rheinpolitik Kaiser Napoleons III. von 1863 bis 1870 und der Ursprung des Krieges von 1870/71*, 3 Bde., Osnabrück: Biblio (Stuttgart: Deutsche Verlags-Anstalt, 1926).【*RKN*と略】
Stenographische Berichte über die Verhandlungen des Reichstages des Norddeutschen Bundes, Berlin: Verlag der Buchdruckerei der „Norddeutschen Allgemeinen Zeitung,“ 1867-1870.【*SB-RNB*と略】以下のウェブサイトで閲覧可能(2020年12月1日確認). https://www.reichstagsprotokolle.de/index.html
外務省調査部編(1938)『大日本外交文書』第3巻, 日本国際協会. 以下のウェブサイトで閲覧可能(2020年12月1日確認). https://www.mofa.

go.jp/mofaj/annai/honsho/shiryo/archives/3.html
内閣官報局編(1974/77)『明治年間法令全書』明治3年/明治20年-1, 原書房.

個人の書簡集・回顧録・演説集等

Bismarck, Otto von (1924-35), *Die gesammelten Werke*, bearb. v. Herman von Petersdorff et al., 15 (in 19) Bde., Berlin: O. Stollberg/Deutsche Verlagsgesellschaft. 【*GW*と略】

Busch, Moritz (1899), *Tagebuchblätter*, 3 Bde., Leipzig: F. W. Grunow.

Poschinger, Heinrich von (Hg.) (1895/99), *Fürst Bismarck. Neue Tischgespräche und Interviews, 2 Bde*., Stuttgart/Leipzig: Deutsche Verlags-Anstalt.

Queen Victoria (1926), *The Letters of Queen Victoria, 2nd series, 1862-1878*, ed. by George Earle Buckle, 2 vols., London: John Murray. 【*LQV 2nd* と略】

久米邦武編著(2008)『現代語訳 特命全権大使 米欧回覧実記 普及版』(水澤周訳・注)全5巻、慶應義塾大学出版会.

ブラント, M. v. (1987)『ドイツ公使の見た明治維新』(原潔/永岡敦訳)新人物往来社.

新聞等

Königlich Preußischer Staats-Anzeiger 以下のウェブサイトで閲覧可能(2020年12月1日確認).
https://digi.bib.uni-mannheim.de/periodika/reichsanzeiger/

The Times

研究文献

Baumgart, Winfried (1999), *Europäisches Konzert und naitonale Bewegung 1830-1878*, Paderborn: Schöningh.

Becker, Josef (1971), „Zum Problem der Bismarckschen Politik in der spanischen Thronfrage 1870," *Historische Zeitschrift* 212, 529-607.

Becker, Josef (1981), „Bismarck, Prim, die Sigmaringer Hohenzollern

und die spanische Thronfrage. Zum Fund von »Bismarcks Instruktionsbrief für Bucher« vom 25. Juli 1870 in der »Real Academia de la Historia« Madrid," *Francia* 9, 435-472.

Becker, Otto (1958), *Bismarcks Ringen um Deutschlands Gestaltung* (hrsg. u. ergänzt v. Alexander Scharff), Heidelberg: Quelle & Meyer.

Bußmann, Walter (1968), *Das Zeitalter Bismarcks* (Handbuch der Deutschen Geschichte, Bd. 3), 4. ergänzte Aufl., Frankfurt a. M.: Akademische Verlagsgesellschaft Athenaion.

Chevalier, Édouard (1873), *La marine française et la marine allemande pendant la guerre de 1870-1871*, Paris: Henri Plon.

Clark, Christopher (2008), *Preußen. Aufstieg und Niedergang 1600-1947*, 9. Aufl., München: Pantheon. (Original: *Iron Kingdom. The Rise and Fall of Prussia, 1600-1947*, Cambridge (Mass.) : Belknap Press of Harvard University Press, 2006).

Gerwarth, Robert (2005), *The Bismarck Myth. Weimar Germany and the Legacy of the Iron Chancellor*, Oxford: Clarendon Press.

Giersch, Alexis L. (2013), „Die Marine im Deutsch-Französischen Krieg 1870/71," in: Jan Ganschow/Olaf Haselhorst/Maik Ohnezeit (Hg.), *Der Deutsch-Französische Krieg 1870/71. Vorgeschichte·Verlauf·Folgen*, 2. Aufl. Graz: Ares Verlag (2009), 121-177.

Giese, Fritz E. (1998), *Kleine Geschichte der deutschen Flotte. Von der „Deutschland" zum Zerstörer „Hessen,"* Augsburg: Bechtermünz (Berlin: Haude & Spener 1966).

Gutzwiller, Peter Max (2014), *Die deutschen Kriegsmarinen im 19. Jahrhundert. Fakten-Daten-Zusammenhänge*, Berlin: Duncker & Humblot.

Haag, Emil (1971), „Was wollte Bismarck mit der Luxemburger Affäre 1867 ?," Hémecht 23/1, 43-58.

Hamilton, C. I. (1982), "Anglo-French Seapower and the Declaration of Paris," *The International History Review*, 4/2, 166-190.

Hillgruber, Andreas (1972), *Bismarcks Außenpolitik*, Freiburg: Rombach.

Howe, M. A. DeWolfe (1908), *The Life and Letters of George Bancroft*, 2 vols., New York: Charles Scribner's Sons.

Huber, Ernst Rudolf (1957–90), *Deutsche Verfassungsgeschichte seit 1789*, 8 Bde., Stuttgart: W. Kohlhammer.

King, J. W. (1982), *The War-Ships and Navies of the World*, Annapolis: Naval Institute Press (Boston/London: A. Williams and Company, 1880).

Koch, Paul (1906), *Geschichte der deutschen Marine. Für den Nachwuchs des Seeoffizierkorps geschildert*, 2., fortgeführte und teilweise umgearbeitete Aufl., Berlin: E. S. Mittler und Sohn.

Kolb, Eberhard (1987), „Mächtepolitik und Kriegsrisiko am Vorabend des Krieges von 1870. Anstelle eines Nachworts," in: Ders. (Hg.), *Europa vor dem Krieg von 1870. Mächtekonstellation-Konfliktfelder-Kriegsausbruch*, München: Oldenbourg, 203–209.

Kolb, Eberhard (1990), *Der Weg aus dem Krieg. Bismarcks Politik im Krieg und die Friedensanbahnung 1870/71*, Studienausgabe, München: Oldenbourg (1989).

Lappenküper, Ulrich (2006), *Bismarck und Frankreich. Chancen und Grenzen einer schwierigen Beziehung*, Friedrichsruh: Otto-von-Bismarck-Stiftung.

Lappenküper, Ulrich (2019), *Bismarck und Frankreich 1815 bis 1898. Chancen zur Bildung einer „ganz unwiderstehlichen Macht"?*, Paderborn: Schöningh.

Lemnitzer, Jan Martin (2014), *Power, Law and the End of Privateering*, Basingstoke/New York: Palgrave Macmillan.

Maks, Herbert (1997), „Zur Interdependenz innen- und außenpolitischer Faktoren in Bismarcks Politik in der Luxemburgischen Frage 1866/67," *Francia* 24/3, 91–115.

Olivier, David H. (2012), *German Naval Strategy 1856–1888. Forerunners of Tirpitz*, London/New York: Routledge (Frank Cass, 2004).

Oncken, Hermann (1910), *Rudolf von Bennigsen. Ein deutscher liberaler Politiker*, 2 Bde., Stuttgart/Leipzig: Deutsche Verlags-Anstalt.

Petter, Wolfgang (1977), „Deutsche Flottenrüstung von Wallenstein bis Tirpitz," in: Militärgeschichtliches Forschungsamt (Hg.), *Handbuch zur deutschen Militärgeschichte 1648–1939*, VIII: Deutsche Marinegeschichte der Neuzeit, München: Bernard & Graefe Verlag für Wehrwesen, 13–262.

Pflanze, Otto (1990), *Bismarck and the Development of Germany*, 3 vols., Princeton (NJ): Princeton University Press.

Pommerin, Reiner (2007), *Zwischen Eurozentrismus und globalem Staatensystem. Bismarck und die USA 1862–1890*, Friedrichsruh: Otto-von-Bismarck-Stiftung.

Ropp, Theodore (1987), *The Development of a Modern Navy. French Naval Policy 1871–1904*, ed. by Stephen S. Roberts, Annapolis: Naval Institute Press.

Rose, Andreas (2013), *Deutsche Außenpolitik in der Ära Bismarck (1862–1890)*, Darmstadt: WBG.

Savage, Carlton (1969), *Policy of the United States toward Maritime Commerce in War*, 2 vols., New York: Kraus Reprint (Washington D.C.: Government Printing Office, 1934).

Schulze-Hinrichs, Alfred (1970), „Der Seekrieg 1870/71," *MOV-Nachrichten*, 127–128.

Smith, Sir Frederick (1917), *The Destruction of Merchant Ships under International Law*, London/Toronto/Paris: J. M. Dent & Sons.

Sondhaus, Lawrence (1997), *Preparing for Weltpolitik. German Sea Power before the Tirpitz Era*, Annapolis: Naval Institute Press.

Sondhaus, Lawrence (2001), *Naval Warfare, 1815–1914*, London/New York: Routledge.

Stark, Francis R. (1897), *The Abolition of Privateering and the Declaration of Paris*, New York: Columbia University (London: Forgotten Books, 2017).

Steinberg, Jonathan (2016), "The American connection: John Lothrop Motley, George Bancroft and Andrew Dickson White. Eminent Americans and Otto von Bismarck," in: Ulrich Lappenküper/Karina Urbach (Hg.), *Realpolitik für Europa. Bismarcks Weg*,

Paderborn: Schöningh, 267–280.
Steinmetz, Hans-Otto (1974), *Bismarck und die deutsche Marine*, Herford: Koehler.
Stolberg-Wernigerode, Otto Graf zu (1933), *Deutschland und die Vereinigten Staaten von Amerika im Zeitalter Bismarcks*, Berlin/ Leipzig: Walter de Gruyter & Co.
Thomson, Janice E. (1994), *Mercenaries, Pirates, and Sovereigns. State-Building and Extraterritorial Violence in Early Modern Europe*, Princeton (NJ): Princeton University Press.
Wetzel, David (2001), *A Duel of Giants. Bismarck, Napoleon III, and the Origins of the Franco-Prussian War*, Madison: The University of Wisconsin Press.
Wetzel, David (2012), *A Duel of Nations. Germany, France, and the Diplomacy of the War of 1870–1871*, Madison: The University of Wisconsin Press.
Wawro, Geoffrey (2005), *The Franco-Prussian War. The German Conquest of France in 1870–1871*, Cambridge/New York: Cambridge University Press (2003).

アイク, エーリッヒ(1993–99)『ビスマルク伝』全8巻(救仁郷繁他訳)ぺりかん社.
青木栄一(1983)『シーパワーの世界史②——蒸気力海軍の発達』出版協同社.
秋田茂(2012)『イギリス帝国の歴史——アジアから考える』中公新書.
有賀貞/大下尚一/志邨晃佑/平野孝編(1994)『アメリカ史 1』(世界歴史大系)山川出版社.
飯田洋介(2007)「ビスマルク外交の『アキレス腱』——北部シュレースヴィヒ問題と独墺露三国の駆引き」『教育と研究』(早稲田大学本庄高等学院紀要)第25号, 1–15頁.
飯田洋介(2015)『ビスマルク——ドイツ帝国を築いた政治外交術』中公新書.
飯田洋介(2016)「一八六〇年代後半のビスマルク外交とアメリカ合衆国——二つの対米打診を手掛かりに」大内宏一編『ヨーロッパ史のなかの思想』彩流社, 111–136頁.

飯田芳弘(2013)『想像のドイツ帝国――統一の時代における国民形成と連邦国家建設』東京大学出版会.
石橋孝夫(2000)『艦艇学入門――軍艦のルーツ徹底研究』光人社NF文庫.
稲本守(2009)「欧州私掠船と海賊――その歴史的考察」『東京海洋大学研究報告』第5号, 45-54頁.
エンゲルベルク, エルンスト(1996)『ビスマルク――生粋のプロイセン人・帝国創建の父』(野村美紀子訳)海鳴社.
大井知範(2011)「ドイツ海軍――海軍の創建と世界展開」三宅正樹/石津朋之/新谷卓/中島浩貴編著『ドイツ史と戦争――「軍事史」と「戦争史」』彩流社, 231-253頁.
大内宏一(2013)『ビスマルク――ドイツ帝国の創建者』(世界史リブレット人65)山川出版社.
大内宏一(2014)『ビスマルク時代のドイツ自由主義』彩流社.
大木毅(2016)『第二次大戦の〈分岐点〉』作品社.
岡本隆司(2011)『李鴻章――東アジアの近代』岩波新書.
尾佐竹猛(1915)「普仏戦争と日本(国際法上より観たる)」『歴史地理』第25巻第1号, 107-116頁.
ガル, ロタール(1988)『ビスマルク――白色革命家』(大内宏一訳)創文社.
ガルピーニ, ジーノ(1985)『戦艦』(石橋孝夫監修)小学館.
北川敬三(2013)「ネイバルアカデミズムの誕生――スティーヴン・ルースの海軍改革」田所昌幸/阿川尚之編『海洋国家としてのアメリカ――パクス・アメリカーナへの道』千倉書房, 61-86頁.
君塚直隆(1996)「イギリス政府とルクセンブルクの中立化――第三次ダービ内閣とイギリス不干渉外交の維持」『紀尾井史学』第16号, 13-28頁.
君塚直隆(1997)「第一次グラッドストン内閣と普仏戦争――ベルギー中立条約をめぐって」滝田毅編『転換期のヨーロッパと日本』南窓社, 54-77頁.
小池求(2015)『20世紀初頭の清朝とドイツ――多元的国際環境下の双方向性』勁草書房.
坂井榮八郎(2004)『ドイツ史10講』岩波新書(第6刷, 初版2003年).
坂野正高(1989)『近代中国政治外交史――ヴァスコ・ダ・ガマから五四運動まで』東京大学出版会(第3刷, 初版1973年).

薩摩真介(2018)『〈海賊〉の大英帝国——掠奪と交易の四百年史』講談社選書メチエ.
下村冨士男(1948)『明治維新の外交』大八洲出版.
鈴木楠緒子(2012)『ドイツ帝国の成立と東アジア——遅れてきたプロイセンによる「開国」』ミネルヴァ書房.
瀧井一博(2010)『伊藤博文——知の政治家』中公新書.
瀧井一博(2016)『渡邉洪基——衆智を集むるを第一とす』ミネルヴァ書房.
武山眞行(1981)「普仏戦争と我国の局外中立」『法学新報』第88巻第7・8号, 97-121頁.
武山眞行(2009)「普仏戦争と日本の領海幅員」『法学新報』第116巻第3・4号, 455-522頁.
トラウシュ, G. (1999)『ルクセンブルクの歴史——小さな国の大きな歴史』(岩崎允彦訳)刀水書房.
ドブソン, セバスティアン／スヴェン・サーラ編(2012)『プロイセン・ドイツが観た幕末日本——オイレンブルク遠征団が残した版画、素描、写真』 München: IUDICIUM.
西堀昭(1994)「第3代フランス特命全権公使アーンジュ・ジョルジュ・マクシミリアン・ウートレイについて」『横浜経営研究』第15巻第1号, 76-82頁.
野村啓介(2002)『フランス第二帝制の構造』九州大学出版会.
野村啓介(2019)『ナポレオン四代——二人のフランス皇帝と悲運の後継者たち』中公新書.
福岡万里子(2013)『プロイセン東アジア遠征と幕末外交』東京大学出版会.
藤田哲雄(2014)「1909年『ロンドン宣言』とイギリス海軍——戦時における食糧供給」『経済科学研究』第17巻第2号, 23-79頁.
ブラック, ジェレミー (2019)『海戦の世界史——技術・資源・地政学からみる戦争と戦略』(矢吹啓訳)中央公論新社.
前田充洋(2020)「『海』からみたドイツ史——造船・海軍・ハンザ」南直人／谷口健治／北村昌史／進藤修一編著『はじめて学ぶドイツの歴史と文化』ミネルヴァ書房, 238-260頁.
増田義郎／山田睦男編(1999)『ラテン・アメリカ史①——メキシコ・中央アメリカ・カリブ海』(新版世界各国史25)山川出版社.
松井道昭(2013)『普仏戦争——籠城のパリ132日』春風社.
松本佐保(2013)『バチカン近現代史——ローマ教皇たちの「近代」との格

闘』中公新書.
宮下雄一郎(2006)「フランス海軍とパクス・ブリタニカ」田所昌幸編『ロイヤル・ネイヴィーとパクス・ブリタニカ』有斐閣, 177–204頁.
森田安一編(1998)『スイス・ベネルクス史』(新版世界各国史14)山川出版社.
横井勝彦(2004)『アジアの海の大英帝国——19世紀海洋支配の構図』講談社学術文庫(初刊:同文舘出版, 1988).
吉澤誠一郎(2016)『清朝と近代世界 19世紀』(シリーズ中国近現代史①)岩波新書(第8刷, 初版2010年).
ランツ, ティエリー (2010)『ナポレオン三世』(幸田礼雅訳)白水社文庫クセジュ.
和仁健太郎(2014–15)「伝統的国際法における敵船・敵貨捕獲の正当化根拠」(一)(二)『阪大法学』第64巻第2号, 37–72頁;第64巻第5号, 121–162頁.

註

はじめに

＊1　Gespräch mit dem Fürsten Iwakura, Marquis Ito und anderen Japanern, 15. März 1873, in: *GW*, VIII, 64-65. これは1902年1月1日付『市民新聞』*Staatsbürgerzeitung*に「新たなビスマルクの演説」(Eine neue Rede Bismarcks)と題して掲載されたものである。ちなみに、久米邦武の記述では次のようにある。「かのいわゆる『万国公法(国際法)』は、列国の権利を保全するための原則的取り決めではあるけれども、大国が利益を追求するに際して、自分に利益があれば国際法をきちんと守るものの、もし国際法を守ることが自国にとって不利だとなれば、たちまち軍事力にものを言わせるのであって、国際法を常に守ることなどはあり得ない。小国は一生懸命国際法に書かれていることと理念を大切にし、それを無視しないことで自主権を守ろうと努力するが、弱者を翻弄する力任せの政略に逢っては、ほとんど自分の立場を守れないことは、よくあることである。わが国もそのような状態だったので私は憤慨して、いつかは国力を強化し、どんな国とも対等の立場で外交を行おうと考え、愛国心を奮い起こして行動すること数十年、とうとう近年に至ってようやくその望みを達した」。久米(2008)、第3巻 369頁。岩倉使節団での伊藤については瀧井(2010)、28-44頁を参照。

＊2　久米(2008)、第3巻 370頁。

＊3　ビスマルクはプロイセン首相就任直後の1862年9月末、プロイセン下院予算委員会にて「現下の大問題［ドイツ問題のこと］が決せられるのは、演説や多数決によってではなく――これこそが1848年と1849年の大きな誤りでした――鉄と血によってなのであります」と発言して物議を醸したことがある。Bismarcks Rede in der 94. Sitzung der Budgetkommission vom 30. September 1862, in: *GW*, X, 140. 飯田(2015)、96頁。

＊4　これについて著者は別途論じたことがあるので、そちらを参照。飯田(2015)、231-235頁。ビスマルク神話については、Gerwarth (2005)

を参照。
＊5　久米(2008)、第3巻 369頁。
＊6　横井(2004)、247頁;和仁(2014-15);薩摩(2018)、256-259頁。

第一章　普仏対立へ

＊1　坂井(2004)、126頁。
＊2　ガル(1988)、73頁。
＊3　詳しくは野村(2002); 野村(2019)を参照。
＊4　1850年代後半、ビスマルクを「ボナパルティスト」(ここではナポレオン三世や彼の統治システムに共感し、フランスとの同盟を主張する人物の意味)として非難する声があがっていた。ビスマルクはこうした評価を否定し、ゲルラッハ(兄)とも激しく論戦するのである。ガル(1988)、212-225頁;飯田(2015)、71-77頁。
＊5　Lappenküper (2006), 7.
＊6　Bismarck an Leopold von Gerlach, 2./4. Mai 1860, in: *GW*, XIV/1, 549.
＊7　Bismarcks Denkschrift für Manteuffel, 2. Juni 1857, in: *GW*, II, 230f. Cf. Lappenküper (2006), 11.
＊8　普墺戦争以前、ビスマルクは領土補償の対象として「フランス語が話される世界中のいたるところ」への勢力伸長を容認している。ガル(1988)、444頁;アイク(1993-99)、第4巻 17頁。
＊9　Pflanze (1990), I, 371.
＊10　1816年11月8日に締結された普蘭条約によってプロイセン軍とオランダ・ルクセンブルク軍が駐屯することになったが、56年11月17日に条約が改訂されると駐屯するのはプロイセン軍のみとなった。Huber (1957-90), I, 615.
＊11　シュレースヴィヒとホルシュタインは、後者に隣接するラウエンブルク公国とともにデンマーク王国と同君連合の関係にあった。ホルシュタインとラウエンブルクはドイツ語住民から成り、いずれもドイツ連邦に加盟していたのに対し、シュレースヴィヒにはドイツ語住民とデンマーク語住民が混住しており、ドイツ連邦には加盟していない。シュレースヴィヒとホルシュタインは中世以来伝統的に1つの地域を形成しており、ドイツのナショナリズム勢力はまとめてドイツ側に含める

ことを要求していた。他方デンマークのナショナリズム勢力は、シュレースヴィヒをホルシュタインから切り離して併合することを要求していた。飯田(2015)、110-112頁参照。

＊12　1814年5月30日のパリ条約で定められた国境線のことを指す。これによると、フランスの領土は1792年1月1日時点のものとされている。だが、この規定は1815年11月20日に締結されたパリ条約によって、1790年時のものへと変更された。

＊13　Goltz an Wilhelm I., 9. Februar 1864, in: *RKN*, I, 29-32.

＊14　保守派と自由主義派の対立が内戦にまで発展したメキシコに対して、ナポレオン三世はフアレス政権による対外債務の元利支払停止に反発してイギリス、スペインと共同出兵した。その後フランス軍のみが残留し、1864年にオーストリア皇帝フランツ・ヨーゼフの弟マクシミリアンを皇帝に擁立してメキシコ帝国を樹立したが、フアレス側の攻勢に抗しきれず、フランス軍も撤退すると帝国は崩壊し、マクシミリアンも67年5月に銃殺された。増田／山田編(1999)、200頁以下；有賀他編(1994)、427頁以下。

＊15　Goltz an Bismarck, Vertraulich, 6. August 1866, in: *RKN*, II, 24-26; Loftus to Stanley, No. 135 Confidential, 10 August 1866, in: TNA, FO 64/599. ちなみに、ランダウやマインツにもドイツ連邦要塞が設置されていた。

＊16　1839年にルクセンブルクの領土のほぼ半分がベルギーに編入されると、オランダはその代償としてリンブルクをドイツ連邦に加盟させねばならなかった。そのため、オランダ王ウィレム三世はドイツ連邦解体を機にリンブルクをドイツから切り離すことをねらっていた。

＊17　Benedetti à Bismarck, 5 août 1866, in: *RKN*, II, 21f.; Bismarck an Goltz, Tel. Sekret, 5. August 1866, in: *GW*, VI, 101.

＊18　Goltz an Bismarck, Vertraulich, 6. August 1866 (註15参照).

＊19　Loftus to Stanley, Tel., 9 August 1866, in: TNA, FO 64/604.

＊20　ビスマルクは「わが国の世論はザクセンとハノーファーとクールヘッセン［ヘッセン=カッセル］のプロイセンへの併合を求めている」と認識し、議会とできる限り協調しながら併合を進めていく姿勢を示した。Kanzleikonzept an Goltz, 9. Juli 1866, in: *GW*, VI, 43-45. 飯田芳弘(2013)、216頁以下も併せて参照。

＊21 Bismarck an Goltz, Ganz vertraulich, 20. August 1866, in: *GW*, VI, 135–138. このときの会談日をめぐっては、この文書には「一昨日」(8月18日)とあるが、『ビスマルク全集』の註釈によると、この文書の草案が当初19日付で作成されたものの、文書内の日付に関する修正が反映しきれていないため、日付に関する記述は1日ずれるという。したがって、ここでは会談日を17日とした。

＊22 後日ビスマルクはこの点を明確に指摘している。Montgelas an Hohenlohe, Nr. 92, 6. April 1867, in: *APP*, VIII, 615–617.

＊23 Bismarck an Perponcher, 31. Juli 1866, in: *GW*, VI, 91f. Bismarck an Goltz, Ganz vertraulich, 8. August 1866, in: *GW*, VI, 111–113. Loftus to Stanley, No. 195, 1 September 1866, in: TNA, FO 64/600; *APP*, VIII, 55. Loftus to Stanley, No. 243, 29 September 1866, in: TNA, FO 64/601A. Bismarck an Goltz, Nr. 117 Geheim, 15. Februar 1867, in: *APP*, VIII, 387–393.

＊24 Hillgruber (1972), 89; Pflanze (1990), I, 372f.

＊25 Französischer Entwurf eines Schutz- und Trutzbündnisses zwischen Frankreich und Preußen, o. D. (ca. 23. August 1866), in: *OD*, XII, 173–175; *RKN*, II, 94f.

＊26 第2条を読んでナポレオン三世は、これに伴うオランダへの代償は「プロイセンによって与えられるものと了解されている」とコメントを付している。だが、たとえオランダに対してであってもドイツの地を譲渡できる状況にないビスマルクにとって、それはできない相談であった。

＊27 これについては、詳しくは君塚(1996)を参照。

＊28 Benedetti à Rouher, 29 août 1866, in: *OD*, XII, 213–216.

＊29 Loftus to Stanley, No. 190 Confidential, 6 April 1867, in: TNA, FO 64/619.

＊30 Benedetti à Rouher, 23 août 1866, in: *OD*, XII, 170–173. これによれば、ビスマルクは目下準備中の北ドイツ連邦と南ドイツ諸邦による連邦国家の結成に際して、フランスのベルギー併合と連動させることを申し出ている。

＊31 Bismarck an Perponcher, Nr. 45 Geheim, 31. August 1866, in: *APP*, VIII, 54.

＊32 Bismarck an Goltz, Nr. 503 Geheim. Vertraulich, 19.

Dezember 1866, in: *APP*, VIII, 225–230.

＊33 Bismarck an Goltz, Nr. 15 Geheim, 8. Januar 1867, in: *APP*, VIII, 274–277. Bismarck an Goltz, Nr. 247 Geheim, 6. April 1867, in: *APP*, VIII, 603–610.

＊34 Bismarcks Gespräch mit Persigny, 7. Juni 1867, in: *GW*, VII, 199–206. Bismarck an Keudell, 6. oder 7. Juli 1867, in: *GW*, XIV/2, 729. Bismarcks Gespräch mit dem Kriegsberichterstatter William Russell, 23. Juli 1870, in: *GW*, VII, 309f.

＊35 Becker (1958); Haag (1971); Maks (1997). エンゲルベルク(1996)。

＊36 Goltz an Bismarck, Tel. Nr. 31, 31. März 1867, in: *APP*, VIII, 545f. Goltz an Bismarck, Nr. 114 Geheim, 1. April 1867, in: *APP*, VIII, 552–555. Bennigsen an seine Frau, 1. April 1867, in: Oncken (1910), II, 33–35.

＊37 Bußmann (1968), 106–108; Hillgruber (1972), 87–89; Pflanze (1990), I, 374; Baumgart (1999), 390f. このうちブスマンは領土補償にはあまり言及せずに「罠」説を否定している。プフランツェはルクセンブルクを譲渡した場合とそうでない場合の2つの選択肢が用意されていたとしている。プロイセン枢密文書館に保管されている関連文書群の当時の表題を見ると、明らかにプロイセン側はこの件を、フランス側が求めてくる領土補償として認識していたことがわかる。GStA PK, III. HA MdA, I Nr. 5008/8-20: Acta betr. die von Frankreich den Vergrößerungen Preußens gegenüber beanspruchten Kompensationen (Regelung der Luxemburger Frage).

＊38 Benedetti à Rouher, 29 août 1866 (註28参照). Bismarck an Goltz, Nr. 401 Ganz vertraulich, 7. September 1866, in: *APP*, VIII, 61f.

＊39 Loë an Goltz, 10. August 1866, in: *RKN*, II, 44f. Goltz an Wilhelm I., Nr. 464, 11. September 1866, in: *APP*, VIII, 69–77.

＊40 Loftus to Stanley, Private, 15 September 1866, in: LRO, 920 DER (15), 12/1/16. アイク(1993–99)、第4巻 225頁以下も参照。

＊41 Goltz an Bismarck, Nr. 534 Geheim, 15. November 1866, in: *APP*, VIII, 143–147. Goltz an Bismack, Nr. 559 Geheim, 10.

Dezember 1866, in: *APP*, VIII, 205–207.

＊42　Bismarck an Goltz, Nr. 481 Ganz, ganz vertraulich, 6. Dezember 1866, in: *APP*, VIII, 188f.

＊43　Bismarck an Goltz, Tel. Nr. 168, 16. Dezember 1866, in: *APP*, VIII, 212.　Bismarck an Goltz, Ganz vertraulich, 16. Dezember 1866, in: *GW*, VI, 196–198.

＊44　Bismarck an Goltz, Nr. 503 Geheim. Vertraulich, 19. Dezember 1866, in: *APP*, VIII, 225–230.　Bismarck an Goltz, Nr. 15 Geheim, 8. Januar 1867, in: *APP*, VIII, 274–277.　Bismarck an Goltz, Nr. 117 Geheim, 15. Februar 1867, in: *APP*, VIII, 387–393. Goltz an Bismarck, Nr. 58 Geheim, 19. Februar 1867, in: *APP*, VIII, 412–416.

＊45　同上。Bismarck an Goltz, Nr. 509 Gehiem, 21. Dezember 1866, in: *APP*, VIII, 234–236. Aufzeichnung über eine Unterredung Bismarcks mit Benedetti, 10. Januar 1867, in: *APP*, VIII, 282–284.

＊46　Bismarck an Goltz, Nr. 30 Geheim, 13. Januar 1867, in: *APP*, VIII, 294–297.

＊47　Bismarck an Goltz, Nr. 481 Ganz, ganz vertraulich, 6. Dezember 1866 (註42参照).　Goltz an Bismarck, Nr. 559 Geheim, 10. Dezember 1866 (註41参照).　Bismarck an Goltz, Ganz vertraulich, 16. Dezember 1866 (註43参照). このときのイタリア王国は教皇領の占領を企図していたが、それを防ぐべくフランス軍が再度ローマに駐留することになる。松本(2013)、49頁以下を参照。

＊48　Bismarck an Goltz, Nr. 146 Ganz vertraulich, 25. Februar 1867, in: *APP*, VIII, 418–421.　Loftus to Stanley, No. 135 Confidential, 9 March 1867, in: TNA, FO 64/618.

＊49　1878年にこの条項が撤廃されるまで、ビスマルクはこの問題で何度も苦杯を嘗めさせられることになる。飯田(2007)参照。

＊50　Moustier à Benedetti, Particulière et confidentielle, 4 mars 1867, in: *APP*, VIII, 441f. だが、ビスマルクはムスティエの説明には誇張やニュアンスの誤りがあると反論している。Bismarck an Goltz, Nr. 178 Ganz vertraulich, 10. März 1867, in: *GW*, VI, 298–300.

*51　Moustier à Baudin, Télégr., 16 mars 1867, in: *OD*, XV, 80. ペルポンヒャーの報告によると、フランス側は2月末の時点でエージェントをルクセンブルクに派遣し、現地調査を行わせている。Perponcher an Bismarck, Nr. 25, 14. März 1867, in: *APP*, VIII, 470–472.

*52　Loftus to Stanley, No. 124, 9 March 1867, in: TNA, FO 881/1535 (No. 6, p. 4). Cowley to Stanley, Private, 12 March 1867, in: LRO, 920 DER (15), 12/1/9. Perponcher an Bismarck, Nr. 25, 14. März 1867 (註51参照). Lowther to Stanley, No. 6, 16 March 1867, in: TNA, FO 64/619.

*53　Bismarck an Perponcher, 27. März 1867, in: *GW*, VI, 315f. Bismarck an Goltz, Nr. 178 Ganz vertraulich, 10. März 1867 (註50参照).

*54　Bismarcks Rede im Reichstag des Norddeutschen Bundes (14. Sitzung), 18. März 1867, in: *SB-RNB*, I, 223.

*55　Baudin à La Haye et Moustier, 21 mars 1867, in: *OD*, XV, 127–134. Perponcher an Bismarck, Tel. Nr. 7, 25. März 1867, in: *APP*, VIII, 509.

*56　*Königlich Preußischer Staats-Anzeiger*, Nr. 69, 19. März 1867; Nr. 73, 23. März 1867.

*57　Loftus to Stanley, No. 152 Most confidential, 23 March 1867, in: TNA, FO 64/619; *APP*, VIII, 504f.

*58　Perponcher an Bismarck, Tel. Nr. 8, 25. März 1867, in: *APP*, VIII, 509. Perponcher an Bismarck, Tel., 26. März 1867, in: *RKN*, II, 260.

*59　Goltz an Bismarck, Tel. Nr. 30, 30. März 1867, in: *APP*, VIII, 532f.

*60　Bismarck an die Missionen in München, Stuttgart und Karlsruhe, 10. März 1867, in: *APP*, VIII, 459f.

*61　ビスマルクは当初、北ドイツ連邦と併せて南ドイツ諸邦を併合するのは困難であると考えていた。Kanzleikonzept an Goltz, 9. Juli 1866 (註20参照). だが、北ドイツ連邦憲法審議議会が開かれると（特に3月10日頃には）北ドイツ連邦創設のみならず、南ドイツ諸邦の編入までも目指すかのような発言が見られるようになる。Bismarcks

Rede im Reichstag des Norddeutschen Bundes (10. Sitzung), 11. März 1867, in: *SB-RNB*, I, 138. 飯田芳弘(2013)、243頁以下並びに258頁以下も参照。

*62　この措置は「ミュンヘンでのホーエンローエ侯の立場と『平和』を守るため」であったとビスマルクはロフタスに説明している。Loftus to Stanley, No. 153 Confidential, 27 March 1867, in: TNA, FO 64/619; *APP*, VIII, 518.

*63　早くも3月27日には連邦宰相の副署が導入されることで議会側との間に妥協(いわゆる「ベニヒセン修正」)が成立したことがその証左と言えよう。これについては、大内(2014)、第4章「一八七八年宰相代理法と国民自由党」を参照。

*64　*APP*, VIII, 509 (Anm. 2).

*65　Bismarck an Goltz, Tel. Nr. 39, 30. März 1867, in: *APP*, VIII, 532.　Bismarck an Goltz, Nr. 229 Geheim, 30. März 1867, in: *APP*, VIII, 538f.

*66　Bismarck an Golz, Tel. Nr. 42, 30. März 1867, in: *APP*, VIII, 534.

*67　註65参照。

*68　Bismarck an Perponcher, Nr. 33, 30. März 1867, in: *APP*, VIII, 534–536.

*69　Bismarck an Bernstorff und Reuß, Tel. Nr. 14 bez. 11, 30. März 1867, in: *APP*, VIII, 533.

*70　Bennigsens Interpellation, in: *SB-RNB*, II, 62. 飯田芳弘(2013)、260頁以下も参照。

*71　Bennigsens Rede im Reichstag des Norddeutschen Bundes (24. Sitzung), 1. April 1867, in: *SB-RNB*, I, 487f.

*72　ガル(1988)、526頁。

*73　Bismarck an Goltz, Tel. Nr. 39, 30. März 1867 (註65参照).

*74　Bismarck an Goltz, Nr. 228 Vertraulich, 30. März 1867, in: *APP*, VIII, 537; P-R-T, 148f.　Bismarck an Goltz, Tel., 1. April 1867, in: *RKN*, II, 274.

*75　Bismarck an die Missionen in London, Petersburg und Wien, 2. April 1867, in: *APP*, VIII, 564f.

*76 Bismarck an Perponcher, Tel. Nr. 8, 3. April 1867, in: *APP*, VIII, 571; *GW*, VI, 332.

*77 Perponcher an Bismarck, Tel. Nr. 16, 3. April 1867, in: *APP*, VIII, 574. この電報は翌日各国駐在大使／公使宛に転送された。

*78 Loftus to Stanley, No. 187, 4 April 1867, in: TNA, FO 64/619. Montgelas an Hohenlohe, Nr. 92, 6. April 1867（註22参照）. ムスティエは「もし北ドイツ連邦議会が敵対的な決議を採択すれば戦争だ」と明言している。Metternich an Beust, Tel., 4 avril 1867, in: *RKN*, II, 283.

*79 註71参照。また、飯田芳弘（2013）、262頁を合わせて参照。

*80 アイク（1993-99）、第5巻 64頁。

*81 Goltz an Bismarck, Tel. Nr. 38, 6. April 1867, in: *APP*, VIII, 601.

*82 Bismarck an Bernstorff, Tel. Nr. 18, 2. April 1867, in: *APP*, VIII, 558. Bismarck an Bernstorff, Tel. Nr. 19, 3. April 1867, in: *APP*, VIII, 571. Bismarck an Bernstorff, Tel. Nr. 23, 6. April 1867, in: *APP*, VIII, 601.

*83 Bernstorff an Bismarck, Tel. Nr. 24, 3. April 1867, in: *APP*, VIII, 574. Bernstorff an Bismarck, Nr. 113 Vertraulich, 3. April 1867, in: *APP*, VIII, 575f. Bernstorff an Bismarck, Tel. Nr. 28, 8. April 1867, in: *APP*, VIII, 624f. Reuß an Bismarck, Nr. 58, 8. April 1867, in: *APP*, VIII, 627-629.

*84 アイク（1993-99）、第5巻 58-60頁。

*85 Bismarck an die Missionen in München, Stuttgart, Karlsruhe, Darmstadt, Dresden, Weimar, Hamburg und Oldenburg, Vertraulich, 12. April 1867, in: *APP*, VIII, 640-642.

*86 Varnbüler an Spitzemberg, 20. April 1867, in: *APP*, VIII, 717f. Hohenlohe an Montgelas, 23. April 1867, in: *APP*, VIII, 730f.

*87 Bismarck an die Missionen in Paris, London, Wien, Petersburg, Washington und München, 26. April 1867, in: *APP*, VIII, 735-738.

第二章　米国への打診

＊1　「澳地利外六国間ニ締結セル海上法要義ニ関スル宣言」(明治20年3月19日)、『法令全書』明治20年-1、勅令、33-34頁。下記にあるこの宣言のオリジナルは、次の文献の付録にあるものから引用した。Chevalier (1873), 234-236:

1. La course est et demeure abolie;
2. Le pavillon neutre couvre la marchandise ennemie, à l'exception de la contrebande de guerre;
3. La marchandise neutre, à l'exception de la contrebande de guerre, n'est pas saisissable sous pavillon ennemi;
4. Les blocus, pour être obligatoires, doivent être effectifs, c'est-à-dire maintenus par une force suffisante pour interdire réellement l'accès du littoral de l'ennemi.

『法令全書』では第3条において「敬国」とあるが、オリジナルから判断する限り、ここは「敵国」としたほうが適切であると思われる。

＊2　薩摩(2018)、16-18、232-238、256-258頁。

＊3　Bismarck an Gerolt, Nr. 4 Ganz vertraulich, 26. April 1867, in: GStA PK, III. HA MdA, I Nr. 5008/17 (*APP*, VIII, 740f.).

＊4　Wimpffen an Beust, Nr. 56 A-C, 26. April 1867, in: *APP*, VIII, 742-745.

＊5　Loftus to Stanley, No. 240 Most Confidential, 27 April 1867, in: TNA, FO 881/1535 (No. 199, p. 114) (*APP*, VIII, 755).

＊6　Loftus to Stanley, No. 258 Confidential, 4 May 1867, in: TNA, FO 881/1535 (No. 304, p. 155). ロフタスによれば、米側の要人とは反仏感情を抱く「ウォッシュバーン上院議員」(Mr. Washburn, an American Senator) だというのだが、特定することができなかった。装甲艦とは装甲を施された軍艦のことであり、帆走から蒸気機関によるものまで様々あり、一時期ドイツではそれが艦種にもなっていてややこしい。ここでは、明治期の日本が米国から購入した「甲鉄艦」に相当するものを指していたと思われる。

＊7　Koch (1906), 49-50; Petter (1977), 83. 大井(2011)、240-242頁。ちなみに、プロイセン海軍を主軸とした北ドイツ連邦海軍が誕生した1867年の時点で、その戦力は40隻(そのうち装甲艇 Panzerfahrzeuge)は2

隻）であった。Gutzwiller (2014), 80-81, 254.

＊8　前田（2020）、245頁。

＊9　前田（2020）、250頁。

＊10　*DFK*, I, 25f., 68.（『独仏戦史』、第1巻 31頁以下並びに84頁以下）。帆船を含めたフランス海軍の軍艦総数をめぐっては、先行研究によっては400隻【Ropp (1987), 22; Sondhaus (1997), 93; Olivier (2012), 64】とも550隻以上【Giersch (2013), 157】ともいわれている。北ドイツ連邦海軍の軍艦総数についても、34隻【Ropp (1987), 22; Olivier (2012), 64】とも50隻【Giersch (2014), 154】ともいわれているが、本書ではプロイセン参謀本部の記録に依拠して論述していく。なお、本書で登場する艦種の訳語については、大木（2016）、328-329頁を参考にした。

＊11　ウィーンの新聞紙上に墺仏同盟構想に関する記事が掲載されたとの報告がビスマルクの許に寄せられている。Notiz vom 24. April 1867 (aus Wien), in: GStA PK, III. HA MdA, I Nr. 5008/17.

＊12　Bismarck an Goltz, Tel. Nr. 81, 5. Mai 1867, in: *APP*, VIII, 796.

＊13　Loftus to Stanley, No. 282 Confidential, 7 May 1867, in: TNA, FO 881/1535 (No. 363, p. 182).

＊14　君塚（1996）を参照。

＊15　Petter (1977), 96.

＊16　有賀他編（1994）、427頁以下を参照。

＊17　Gerolt an Bismarck, Nr. 12, 14. Mai 1867, in: GStA PK, III. HA MdA, I Nr. 5008/20 (*APP*, IX, 42f.).

＊18　Gerolt an Bismarck, Nr. 14, 28. Mai 1867, in: GStA PK, III. HA MdA, I Nr. 7905. Cf. *APP*, IX, 42f. (Anm. 3). ゲーロルト報告では「衝角艦」（Widder Schiff）と紹介された〈ダンダーバーグ〉は、南北戦争終結後の1867年に竣工したもののアメリカ海軍に就役することなくフランスに売却された木造の装甲砲台艦である（排水量7060トン）。外洋航海にも耐えられるもので、売却後は〈ロシャンボ〉（Rochambeau）と改名された。〈オノンダガ〉は1864年に竣工し、南北戦争に参加したモニター艦で、2つの砲塔を搭載していた（排水量2595トン）。ちなみに、モニター艦とは南北戦争時に建造された小型装甲艦〈モニター〉に由来するもので、浅喫水、低乾舷、旋回砲塔を備

えているのが特徴である。Statement of the number and names of all vessels built by and for the Government for the Navy Department, since April 1861, with their tonnage, number of guns, where built, when and by whom built, and the cost of each, in: NARA, RG 45, Box 124, AY 1860–1870 (Vessels purchased and sold during 1860–1870, Statistical data). 以下の文献も併せて参照。石橋(2000)、205、223–229頁;ガルピーニ(1985)、23、144頁。

＊19　前アメリカ海軍次官フォックスがゲーロルトに提出した覚書によれば〈ダンダーバーグ〉は330万ドル、〈オノンダガ〉は本来76万ドルで売却されるはずが100万ドルでフランスに売却されたとある。Fox's Memorandum (Gerolt an Bismarck, Nr. 96, 1. Juni 1867), in: GStA PK, III. HA MdA, I Nr. 7905. また、ゲーロルトの5月28日付報告では〈ダンダーバーグ〉の所有者がプロイセン政府の存在をちらつかせて高値で売りつけることに成功したとあるが、フォックスの覚書を見ると〈オノンダガ〉の方が当初の値段よりも高値で売却されている。ガルピーニ(1985)、144頁によれば、フランスがプロイセンに売却されるのを恐れて2隻とも購入したとある。

＊20　ここでいう2隻とはカラマズー級(Kalamazoo)のモニター艦1隻とピューリタン級(Puritan)のモニター艦1隻である。前者は2つの砲塔に15インチ砲を4門搭載した木造の軍艦であり、装甲が施されている(排水量5660トン)。後者は1つの砲塔に20インチ砲を2門搭載、カラマズー級と同じレベルの装甲が施されている(排水量4912トン)。いずれも南北戦争中に建艦が始まったものの、この時点でまだ完成に至ってはいなかった。Statement of the number and names of all vessels built by and for the Government for the Navy Department, since April 1861, with their tonnage, number of guns, where built, when and by whom built, and the cost of each. (註18参照)。石橋(2000)、228、231頁も併せて参照。

＊21　Gerolt an Bismarck, Nr. 96, 1. Juni 1867, in: GStA PK, III. HA MdA, I Nr. 7905. Cf. *APP*, IX, 42f. (Anm. 3).

＊22　Bismarck an Roon, 20. Juni 1867, in: GStA PK, III. HA MdA, I Nr. 7905. Cf. *APP*, IX, 42f. (Anm. 3).

*23 Marineministerium an Bismarck, 4. Juli 1867, in: GStA PK, III. HA MdA, I Nr. 7905. Cf. *APP*, IX, 42f. (Anm. 3).

*24 Bismarck an Gerolt, 25. Juli 1867, in: GStA PK, III. HA MdA, I Nr. 7905. Cf. *APP*, IX, 42f. (Anm. 3).

*25 Bismarck an Roon, Secret, 8. Mai 1867, in: BArch-MA, RM 1/623. Cf. *APP*, IX, 42 (Anm. 1). 著者が以前これについて論じたとき、プロイセン枢密文書館に所蔵されているプロイセン外務省文書からこの書簡の原本を見つけようとしたが、この書簡が収録されているファイルの請求記号が見当たらず、それが果たせなかった。飯田(2016)、132頁。その後の史料調査の結果、この書簡をドイツ連邦文書館・軍事文書館に所蔵されているプロイセン海軍省文書から発見できたので、本書ではそちらを用いている。

*26 Roon an Bismarck, 21. Mai 1867, in: BArch-MA, RM 1/623. Cf. *APP*, IX, 42 (Anm.1). レムニツァーの研究によれば、この文書の所蔵先がベルリン(リヒターフェルデ)のドイツ連邦文書館となっているが、著者が実際に確認するとそれはこの書簡の抜粋版であった(BArch, R 901/33573)。Lemnitzer (2014), 231 (note No. 23). 以前著者はこの原本を求めてプロイセン枢密文書館に問い合わせたものの、註25と同様、この書簡が収録されているファイルの請求記号が見当たらず、それが果たせなかった。飯田(2016)、132頁。その後の史料調査の結果、この書簡をドイツ連邦文書館・軍事文書館に所蔵されているプロイセン海軍省文書から発見できたので、本書ではそちらを用いている。

*27 Allerhöchster Erlaß vom 19. Mai 1866, betreffend die Aufbringung und Wegnahme feindlicher Handels-Schiffe, in: BArch, R 901/33573.

*28 Petter (1977), 96.

*29 Lemnitzer (2014), 80. 薩摩(2018)、259頁以下も参照。

*30 Ältesten der Kaufmannschaft zu Danzig an Bismarck, 22. Mai 1867, in: BArch, R 901/33573.

*31 Vorsteheramt der Kaufmannschaft zu Königsberg an Bismarck, 19. Juni 1867, in: BArch, R 901/33573.

*32 Sondhaus (2001), 92f.

＊33　Bismarck an Roon, 30. Mai 1867, in: BArch, R 901/33573 (BArch-MA, RM 1/623).

＊34　Bismarck an Gerolt, Nr. 66, 30. Mai 1867, in: BArch, R 901/33573.

＊35　Gerolt an Bismarck, Nr. 112, 9. Juli 1867, in: BArch, R 901/33573.

＊36　〈アラバマ〉事件はその後、1871年のワシントン条約を受けて仲裁裁判にかけられ、その翌年にイギリスが賠償金を支払うことでようやく解決した。

＊37　有賀他編（1994）、435–448頁。

＊38　Bismarck an Roon, Nr. 16, 27. Juli 1867, in: BArch, R 901/33573 (BArch-MA, RM 1/623).

＊39　例えばプロイセンは、1863年に装甲艇〈アルミニウス〉（Arminius）をイギリスで発注（進水は1864年）、67年2月には装甲フリゲート艦〈ケーニヒ・ヴィルヘルム〉（König Wilhelm）をイギリスで購入している（進水は68年）。King (1982), 301; Steinmetz (1974), 28 (Anm. 17). ガルピーニ（1985）、48頁以下。

＊40　Stolberg-Wernigerode (1933), 99f.; Pommerin (2007), 7f. 飯田（2015）、11頁以下も参照。

＊41　Stolberg-Wernigerode (1933), 104.

＊42　南北戦争以前はわずか82隻の軍艦しか有していなかったが、南北戦争直後には民間から徴用して武装した船舶を併せると（艦種を見るとそれでも英仏には遠く及ばないものの）674隻を有するほど、米国の海軍力は一時的にではあったが大幅に増強された。King (1982), 378–380.

＊43　管見の限りだが、1867年前半だけで以下のものが挙げられる。Ministerium der auswärtigen Angelegenheiten an Gerolt, Nr. 9, 14. Januar 1867 (造船関連); Bismarck an Roon, 31. Januar 1867 (魚雷関連), 16. Februar 1867 (砲台関連); Grabow an das Ministerium der auswärtigen Angelegenheiten, 15. März 1867 (動力関連), 15. Mai 1867 (潜水艦関連), 18. Juli 1867 (装甲艦関連), 6. August 1867 (装甲艦関連), in: GStA PK, III. HA MdA, I Nr. 10647.

＊44　南北戦争後わずか3年の間に米国は約400隻の軍艦を売却、1880年にはわずか48隻にまでその数を激減させており、この時期は「海軍暗黒時代」とされている。King (1982), 380. 北川（2013）、63-67頁。

＊45　Notiz (aus Washington D.C.) vom 6. November 1867; Notiz (Gerolt) vom 12. November 1867, in: GStA PK, III. HA MdA, I Nr. 7905.

＊46　Notiz (Roon) vom 5. Dezember 1867; Thile an Gerolt, 9. Dezember 1867, in: GStA PK, III. HA MdA, I Nr. 7905. Cf. *APP*, IX, 43 (Anm. 3).

＊47　Lemnitzer (2014), 157-172.

第三章　独仏開戦とフランス海軍への対応

＊1　Bismarck an das Ministerium der auswärtigen Angelegenheiten, Tel., 3. Oktober 1868, in: *GW*, VIa, 412.

＊2　Karl Anton an Bismarck, 19. Juni 1870, in: *BSD*, II, 308.

＊3　Becker (1971).

＊4　ガル（1988）、541-552頁; 大内（2013）、43-44頁。Kolb (1987); Wetzel (2001), 92 ; Rose (2013), 28-29 ; Lappenküper (2019), 273-279.

＊5　Moritz Buschs Tagebuch vom 27. Februar 1870, in: Busch (1899), I, 7. Cf. Rose (2013), 28.

＊6　Wetzel (2001), 92.

＊7　Pflanze (1990), I, 460; Clark (2008), 628-629; Lappenküper (2019), 279.

＊8　Wetzel (2001), 89.

＊9　Wilhelm I. an Karl Anton, 6. Juli 1870, in: *BSD*, II, 444.

＊10　Werther an Wilhelm I., 5. Juli 1870, in: *BSD*, II, 428-430. その後、ヴェルターは7月12日にエムスからパリに戻るが、国王からの回答は得られなかったという。Lyons to Granville, No. 752 Very confidential, 13 July 1870, in: TNA, FO 27/1806.

＊11　Wetzel (2001), 98f.; Rose (2013), 28.

＊12　Erklärungen Gramonts und Olliviers in der Sitzung des Corps législatif, 6. Juli 1870, in: *RKN*, III, 396f.

＊13　Wilhelm I. an Karl Anton, 10. Juli 1870, in: *BSD*, II, 511.

＊14　Vermerk von Karl Anton, 12. Juli 1870, in: *BSD*, II, 569.

＊15　ガル(1988)、556頁; 大内(2013)、44頁。

＊16　Bismarck an Auswärtiges Amt, Tel., 4. Juli 1870, in: *GW*, VIb, 335-337.

＊17　Bismarck an Solms-Sonnenwalde, Tel., 10. Juli 1870, in: *BSD*, II, 512.

＊18　Bismarck an Auswärtiges Amt, Tel., 12. Juli 1870, in: *GW*, VIb, 355f.

＊19　Bucher an Flemming, Tel. Nr. 1, 12. Juli 1870, in *BSD*, III, 3.

＊20　Bismarck an Delbrück, Tel., 11. Juli 1870, in: *BSD*, II, 533. Cf. Wetzel (2001), 140. ガル(1988)、559-561頁；アイク(1993-99)、第5巻156-159頁。

＊21　Bismarck an Friedrich Wilhelm, Tel., 12. Juli 1870; Eulenburgs Tagebuch vom 12. Juli 1870, in: *BSD*, III, 4, 23f. ちなみに、オイレンブルクはこの知らせに接し、「〔これで〕事態は平和に向かって動き出すだろう」と書き記している。

＊22　Abeken an Auswärtiges Amt, Tel. Nr. 27, 13. Juli 1870, in: PA-AA, R 11674 (*GW*, VIb, 369). 飯田(2015)、143頁以下も参照。

＊23　„Erste Expedition“ der „Emser Depesche“ an die Missionen in Dresden (Nr. 10), München (Nr. 17), Stuttgart (Nr. 9), Carsluhe (Nr. 8), Darmstadt (Nr. 1), Hamburg (Nr. 1), Weimar (Nr. 1), Tel., 13. Juli 1870, in: PA-AA, R 11674 (*GW*, VIb, 371; *BSD*, III, 62f.). 飯田(2015)、145頁。 „Zweite Expedition“ der „Emser Depesche“ an das Ministerium der ausw. Angl. Schwerin, Staats-Ministerium Strelitz, Staats-Ministerium Oldenburg, Staatsministerium Braunschweig, Senat Bremen, Senat Lübeck, Tel., 13. Juli 1870, in: in: PA-AA, R 11674 (*BSD*, III, 62f.). なお、ヨーロッパ主要各国駐在大使／公使宛電報の末尾には個別の指示とともに「このことを現地〔政府〕に即刻伝達されたし」として「即刻」(unverzüglich)の一語が付け足された。„Dritte Expedition“ der „Emser Depesche“ an die Vertreter des Norddeutschen Bundes in London (Nr. 25), St. Petersburg (Nr. 17), Florenz (Nr. 6), Brüssel (Nr. 3), Den Haag (Nr. 2), Wien (Nr. 13), Bern (Nr. 13), Constantinopel (Nr.

14), Madrid (Nr. 12), Tel., 14. Juli 1870, in: *BSD*, III, 63f.

＊24　Wetzel (2001), 159–161. Cf. Rose (2013), 32.

＊25　Lyons to Granville, No. 765, 14 July 1870, in: TNA, FO 27/1806. Cf. Wetzel (2001), 160f.; Rose (2013), 32.

＊26　Loftus to Granville, No. 15, 12 July 1870, in: TNA, FO 64/688.

＊27　Lyons to Granville, No. 765, 14 July 1870 (註25参照).

＊28　野村（2019）、164頁。

＊29　野村（2019）、165頁以下。

＊30　Bismarck an Gerolt, Tel. Nr. 1, 12. Juli 1870, in: PA-AA, R 11673. Cf. Bismarck an Auswärtiges Amt, Tel. 12. Juli 1870, in: *GW*, VIb, 356.

＊31　ビスマルクは後日、バンクロフトこそが「アメリカ代理公使の理想」であると述べている。Tischgespräch mit H. Lichtenfelt vom 10. Januar 1896, in: Poschinger (1895/98), II, 274.

＊32　Stolberg-Wernigerode (1933), 113.

＊33　Bancroft to Fish, No. 41, 4 October 1869; No. 46, 23 October 1869, in: MHS, George Bancroft Papers, Box 36. Cf. Stolberg-Wernigerode (1933), 130f.

＊34　20世紀初頭に見られる中国をめぐる独米連携の動きについては、次の文献を参照。小池（2015）。

＊35　Gerolt an Bismarck, Tel. Nr. 1, 14. Juli 1870, in: PA-AA, R 11675.

＊36　Gerolt an Bismarck, 19. Juli 1870, in: GStA PK, III. HA MdA, II Nr. 5578. この報告のなかで親独派として紹介される上院議員は「シュッツ」Schutzとある。

＊37　Protokoll-Marineministerium vom 17. Juli 1870, in: PA-AA, R 6193.

＊38　Stolberg-Wernigerode (1933), 131; Steinmetz (1974), 28; Olivier (2012), 66.

＊39　Moritz Buschs Tagebuch vom 12. September 1870, in: Busch (1899), I, 189. Cf. Steinmetz (1974), 28.

＊40　Steinmetz (1974), 26–27; Olivier (2012), 66–67; Giersch (2013), 167.

＊41　Eduard von Knorr, *Meine Erinnerungen (1910-1912)*, II, 12–15,

in: BArch-MA, N 578/8.

＊42 カリブ海での〈メテオール〉の戦闘については次の文献を参照。*DFK*, III, 430–431（『独仏戦史』、第7巻 133頁以下）。Sondhaus (1997), 99；Giersch (2013), 167–168.

＊43 Verordnung Wilhelms I. betreffend die Aufbringung und Wegnahme feindlicher Handels-Schiffe vom 18. Juli 1870 (*Königlich Preußischer Staats-Anzeiger*, Nr. 168, 19. Juli 1870), in: BArch, R 901/33573. Cf. TNA, FO 64/689.

＊44 Steinmetz (1974), 27; Olivier (2012), 65–66; Lemnitzer (2014), 157.

＊45 Erlaß Wilhelms I. vom 19. Mai 1866, betreffend die Aufbringung und Wegnahme feindlicher Handels-Schiffe, in: BArch, R 901/33573.

＊46 Delbrücks Rede im Reichstag des Norddeutschen Bundes (9. Sitzung), 18. April 1868, in: *SB-RNB*, 1. Leg.-Periode, Session 1868, I, 134.

＊47 Stolberg-Wernigerode (1933), 129; Steinmetz (1974), 27; Olivier (2012), 65.

＊48 La Valette to Granville, 22 July 1870, in: TNA, FO 881/1778.

＊49 *Journal Officiel*, 25 juillet 1870, in: TNA, FO 881/1785 (Inclosure in No. 107, p. 81).

＊50 Stark (1897), 156; Stolberg-Wernigerode (1933), 129; Lemnitzer (2014), 157.

＊51 Gerolt to Fish, Tel., 19 July 1870, in: *ED (FRUS) 1870–71*, 216f.

＊52 Gerolt to Bismarck, 19. Juli 1870, in: GStA PK, III. MdA, II Nr. 5578.

＊53 普米修好通商条約第12条には「条約締結国の一方が第三国と交戦状態になったときには、交戦国と中立国の市民もしくは臣民との間で行われている航行並びに通商の自由は妨げられてはならない」とあり、第13条には、「条約締結国の一方が第三国と交戦した場合には、通常、武器弾薬やあらゆる種類の軍備品といった、これまで戦時禁制品と呼ばれている商品について生じるあらゆる困難や誤解を防ぐために、条約締結国の一方の市民もしくは臣民が条約締結国の他方の交戦相手に対して船舶で運ばれる商品はいずれも、押収もしくは没

収、そして個人への私有財の損失を引き起こすような、戦時禁制品とは見なさない」とある。これらは1799年の条約改正時にも継承されている。Savage (1969), I, 160f., 226.

＊54　Fish to Gerolt, 22 July 1870, in: *ED (FRUS) 1870-71*, 217f. このときのフィッシュの回答は8月16日の『プロイセン官報』にて公表された。*Königlich Preußischer Staats-Anzeiger*, Nr. 208, 16. August 1870, in: PA-AA, R 17108.

＊55　Gerolt to Fish, 25 July 1870, in: TNA, FO 881/1895 (Inclosure 2 in No. 17*, p. 16A). なお、このなかでアメリカ側の通牒が「24日付」とあるが、先に見たフィッシュの回答は7月22日付で出されている(註54参照)。ゲーロルトが日付を誤ったか、あるいは22日付の回答が24日に手交されたかのいずれかが考えられよう。

＊56　このときの中立宣言は翌23日の『ワシントン・クロニクル』紙に掲載された。Extract from the "Washington Chronicle" of August 23, 1870, in: TNA, FO 881/1895 (Inclosure No. 109, pp. 64–66).

＊57　Bismarck an Gerolt, Tel., 18. Juli 1870, in: *GW*, VIb, 398.

＊58　Davis to Bancroft, Tel., 13 August 1870; Bancroft to Fish, No. 124, 15 August 1870, in: *ED (FRUS) 1870–71*, 189f., 203. Cf. Stolberg-Wernigerode (1933), 133. ビスマルクがイギリスにではなく米国政府にドイツ人保護を求めたことを受けて、バンクロフトはこの措置が米国を「一等国サークル」(the circle of first-class powers)へと呼び寄せるものであると評価している。Bancroft to Fish, No. 121, 2 August 1870, in: *ED (FRUS) 1870–71*, 200. なお、このときフランスから退去させられたドイツ人保護のためにロスチャイルドが5万ターラーの経済支援を行っている。

＊59　Fish to Bancroft, Tel., 9 September 1870, in: *ED (FRUS) 1870–71*, 193. Cf. Loftus to Granville, No. 326, 17 September 1870, in: TNA, FO 64/691. しかしながら、ドイツ側がこのとき他国の干渉を拒絶していたため、調停を断念している。Bancroft to Fish, Tel., 11 September 1870; Fish to Bancroft, No. 246, 30 September 1870, in: *ED (FRUS) 1870–71*, 194, 206.

＊60　Bancroft to Fish, No. 135, 16 September 1870, in: *ED (FRUS) 1870–71*, 207. Thornton to Granville, No. 387, 26 September

1870; Granville to Loftus, No. 213, 10 October 1870, in: TNA, FO 881/1895 (No. 302, 316, pp. 173, 189). Thornton to Granville, No. 429, 24 October 1870 in: TNA, FO 881/1839.

＊61 Thornton to Granville, Tel., 10 October 1870, in: TNA, FO 881/1895 (No. 322, p. 192). Thornton to Granville, No. 429, 24 October 1870（註60参照）.

＊62 Loftus to Granville, No. 62 Secret & Confidential, 20 July 1870 in: TNA, FO 64/689.

＊63 Bismarck to Loftus, 23 July 1870, in: TNA, FO 64/689; FO 881/1785 (Inclosure 2 in No. 95, p. 69).

＊64 Bismarck an Wilhelm I., 18. Juli 1870, in: *GW*, VIb, 397f.

＊65 Bismarck an Bernstorff, Tel., 20. Juli 1870, in: *GW*, VIb, 409. Bernstorff to Granville, 24 July 1870; Loftus to Granville, Tel., 24 July 1870; Loftus to Granville, No. 93 Confidential, 30 July 1870, in: TNA, FO 881/1785 (No. 47, 69, 265 pp. 31f., 49, 171f.). Cf. Kolb (1990), 29f.; Wetzel (2012), 36f.

＊66 Loftus to Granville, Tel., 24 July 1870 (註65参照). Wilhelm I. to Queen Victoria, 26 July 1870, in: *LQV 2nd*, II, 52.

＊67 Loftus to Granville, No. 93 Confidential, 30 July 1870 (註65参照). Granville to Loftus, No. 67, 3 August 1870, in: TNA, FO 881/1785 (No. 276, pp. 180f.).

＊68 Circular addressed to Her Majesty's Representatives and Consuls in Germany, 11 August 1870, in: TNA, FO 881/1785 (No. 358, pp. 223f.). Granville to Bernstorff, 9 September 1870, in: TNA, FO 881/1788.

＊69 Queen's proclamation of 9 August 1870, in: TNA, ADM 125/15.

＊70 "Proposed Treaty Between France and Prussia," in: *Times*, 25 July 1870. Cf. Granville to Lyons, No. 130 Confidential, 25 July 1870, in: TNA, FO 881/1785 (No. 67, pp. 46f.). グランヴィルによれば、この条約案は1867年にベネデッティによって提案され、69年に再提案されたと駐英北ドイツ連邦大使ベルンシュトルフから説明を受けたとある。だが、既に第一章で見てきたように、正しくは1866

年になる。69年に再提案されたという説明については、残念ながら著者のほうではまだ確認が取れていない。

*71　これについては、君塚(1997)を参照。

*72　アイク(1993-99)、第5巻 188-190頁。L.ガルもこの記事がイギリス世論に大きな影響を及ぼしたことは認める一方、この記事はこの戦争に介入したがらない他の列強の一般的傾向を補強したに過ぎないと抑制的な評価をしている。ガル(1988)、563頁以下。

*73　Kolb (1990), 31-35.

*74　Wetzel (2012), 37f.

*75　Bismarck an Bernstorff, Tel., 20. Juli 1870 (註65参照).

*76　Loftus to Granville, No. 62 Secret & Confidential, 20 July 1870 (註62参照).

*77　Marineministerium an Bismarck, 20. Juli 1870, in: BArch-MA, RM 1/2319.

*78　Erlaß Wilhelms I., 24. Juli 1870, in: BArch-MA, RM 1/2319 (RM 31/633).

*79　Marineministerium/Commando-Abteilung an Heldt (Kiel), 4. August 1870, in: BArch-MA, RM 31/633.

*80　外装水雷(spar torpedo)とは南北戦争時に用いられたもので、小型艇の艇首から長い棒を前方に突き出し、その先端に触発信管付の爆薬を取り付け、敵艦めがけて突入するものである。他方、同時期に出現したものと思われる曳航水雷(towing torpedo)とはロープで水雷を曳航し、敵艦の進路上に水雷が来るよう運動するものである。詳しくは以下の文献を参照。青木(1983)、108頁以下; 石橋(2000)、16-22頁。

*81　Sondhaus (1997), 95f.; Olivier (2012), 65f.

*82　Zirkular des Marineministeriums vom 25. Juli 1870, in: BArch-MA, RM 1/2319.

*83　Dépêche (à Londres, Vienne, St. Pétersbourg, Florence, Copenhague, Stockholm, La Haye), 12 août 1870, in: AMAE-La Courneuve 2QO/66.

*84　Note-Verbale by La Valette, 20 août 1870, in: TNA, FO 881/1895 (No. 61, pp. 37f.).

*85　Granville to La Valette, 24 August 1870; Granville to Loftus,

No. 118, 24 August 1870, in: TNA, FO 881/1895 (No. 62, 66, pp. 38–40). La Valette à Prince de la Tour d'Auvergne, 25 août 1870, in: AMAE-La Courneuve, 2QO/66. Delbrück an Roon, Secret, 27. August 1870, in: BArch-MA, RM 1/2319. 義勇海軍が私掠活動として位置づけられるのかという論戦をめぐっては、海軍史のみならず私掠船を論じた先行研究においてもしばしば紹介されている。Olivier (2012), 65; Giersch (2013), 155f.; Lemnitzer (2014), 158f. 稲本(2008)、51頁; 薩摩(2018)、263頁。

＊86 Stark (1897), 159.

＊87 Loftus to Granville, No. 235, 27 August 1870, in: TNA, FO 64/690.

＊88 Weickmann an das Marineministerium, 6. August 1870, in: BArch-MA, RM 1/2319. この4隻とは鉄製スクリュー船〈アマーリエ〉(Amalie 全長45.6フィート、幅9.2フィート、喫水3.4フィート、速度7ノット、船長を含め人員7名、評価額3200ターラー)、木造スクリュー船〈エルベ〉(Elbe 全長54フィート、幅16フィート、喫水4フィート、速度6ノット、船長を含め人員7名、評価額2000ターラー)、鉄製スクリュー船〈グラスブローク〉(Grasbrook 全長56フィート、幅13.1フィート、喫水8フィート、速度6ノット、船長を含め人員8名、評価1万4500ターラー)、鉄製スクリュー船〈ガルトマンダー〉(Galdmander 全長82フィート、幅14.5フィート、喫水8.5フィート、速度8.5ノット、士官を含め人員15名)である。

＊89 Jachmann an das Marineministerium, 14. Oktober 1870, in: BArch-MA, RM 1/2319.

＊90 *DFK*, I, 72(『独仏戦史』、第1巻 89頁)。訳語は邦訳版を参照しつつ、必要に応じて一部改めてある。*DFK*, II, 1309–1311(『独仏戦史』、第5巻 4–6頁)も併せて参照。

＊91 Sondhaus (1997), 95f.; Olivier (2012), 65f.

＊92 Marineministerium an Roon, 13. August 1870, in: BArch-MA, RM 1/2319. Marineministerium an Jachmann, 9. Februar 1871; Promemoria Jachmanns an Roon, 19. Mai 1871, in: BArch-MA, RM 1/946.

＊93 Koch (1906), 56; Sondhaus (1997), 95f.; Olivier (2012), 65f.

Giersch (2013), 155f. スタークは義勇海軍が実際に編成されることはなかったと論じているが、これは『独仏戦史』の記述に反している（註90参照）。Stark (1897), 159.

＊94 Sondhaus (1997), 96.

＊95 Jachmann an das Marineministerium, 14. Oktober 1870 (註89参照).

＊96 Erlaß Wilhelms I. an das Marineministerium (Extrakt), 9. März 1871, in: BArch-MA, RM 1/2320.

第四章　北ドイツ沿岸の戦況

＊1 Captain Hore to Lyons, 29 July 1870, in: TNA, FO 881/1785 (Inclosure in No. 181, p. 127). この報告によれば、シェルブールには他にも装甲フリゲート艦をはじめ、数隻の軍艦が出港準備を整えているという。プロイセン参謀本部による『独仏戦史』では〈テティス〉が装甲フリゲート艦に分類されているが、フランス側の文献に基づいてここでは装甲コルベット艦とした。*DFK*, I, 117（『独仏戦史』、第1巻 146頁）。Chevalier (1873), 32.

＊2 Captain Hore to Lyons, 29 July 1870, in: TNA, FO 881/1785 (Inclosure in No. 182, p. 128). Cf. Chevalier (1873), 36f.; Giersch (2013), 163.

＊3 *DFK*, I, 117（『独仏戦史』、第1巻 145頁以下）。Giersch (2013), 157f.

＊4 Captain Hore to Lyons, 29 July 1870, in: TNA, FO 881/1785 (Inclosure in No. 183, p. 128). *DFK*, I, 117（『独仏戦史』、第1巻 146頁）。

＊5 Wawro (2005), 190; Giersch (2013), 158.

＊6 Falckenstein an Wilhelm I., 4. August 1870, in: PA-AA, R 6436.

＊7 *DFK*, I, 113（『独仏戦史』、第1巻 139頁以下）。Sondhaus (1997), 95.

＊8 *DFK*, I, 114 (Anm.)（『独仏戦史』、第1巻 141頁）。Sondhaus (1997), 95; Giersch (2013), 159.

＊9 *DFK*, I, 113–116（『独仏戦史』、第1巻 140–145頁）。Giersch (2013), 159–161.

＊10　*DFK*, I, 116（『独仏戦史』、第1巻 142-145頁）。王室船（Königliche Yacht）〈グリレ〉は平時にはプロイセン王室の遊行船として用いられたが、蒸気エンジンを搭載、戦時には軍艦として活用された。先行研究のなかにはこれを「通報艦」とするものもある。Gutzwiller (2014), 254.

＊11　*DFK*, I, 119f.; II, 1308（『独仏戦史』、第1巻 148頁以下; 第5巻 2頁）。Cf. Giersch (2013), 158f.

＊12　*DFK*, II, 1320（『独仏戦史』、第5巻 15頁）。

＊13　*DFK*, I, 117f.; II, 1312f.（『独仏戦史』、第1巻 146頁以下; 第5巻 7頁）。

＊14　*DFK*, II, 1313（『独仏戦史』、第5巻 7頁以下）。

＊15　Notification du blocus par Bouët-Willaumez, 19 août 1870, in: AMAE-La Courneuve, 2QO/64. Cf. Loftus to Granville, No. 216, 23 August 1870, in: TNA, FO 64/690. この日付をめぐっては、8月「15」日ではないかとの混乱が生じている。Loftus to Granville, Commercial, No. 15, 26 August 1870, in: TNA, FO 64/699. プロイセン参謀本部の『独仏戦史』によると、8月15日までにキールをはじめバルト海沿岸各地に海上封鎖を行う旨通達を出していたようである。*DFK*, II, 1313（『独仏戦史』、第5巻 8頁）。

＊16　*DFK*, II, 1316f.（『独仏戦史』、第5巻 11-13頁）。Cf. Sondhaus (1997), 95; Giersch (2013), 161f.

＊17　Wawro (2005), 191f.

＊18　Notification de blocus par Fourichon, 12 août 1870, in: AMAE-La Courneuve, 2QO/64. Cf. Loftus to FO, No. 173, 13 August 1870, in: TNA, FO 64/690; Krüger an Auswärtiges Amt, Tel., 13. August 1870, in: GStA PK, III. HA MdA, II Nr. 5568. Cf. *DFK*, II, 1318f.（『独仏戦史』、第5巻 14頁）。

＊19　*DFK*, II, 1308-1310（『独仏戦史』、第5巻 2-4頁）。

＊20　*DFK*, II, 1319（『独仏戦史』、第5巻 14頁以下）。Cf. Giersch (2013), 163.

＊21　Sondhaus (1997), 95; Giersch (2013), 163.

＊22　Giersch (2013), 164.

＊23　*DFK*, II, 1319（『独仏戦史』、第5巻 14頁以下）。Wowro (2005),

192; Giersch (2013), 165.

＊24 Notification de blocus par Fourichon, 12 août 1870. (註18参照)

＊25 Notification de blocus par Bouët-Willaumez, 19 août 1870. (註15参照)

＊26 Bancroft to Fish, No. 125, 22 August 1870, in: NARA, M44, Roll 16; NY-PL, George Bancroft Papers, Box 5.

＊27 Bancroft to Fish, No. 130, 1 September 1870, in: NY-PL, George Bancroft Papers, Box 5; *ED (FRUS) 1870–71,* 204f.

＊28 Loftus to Granville, No. 15 Commercial, 26 August 1870, in: TNA, FO 64/699.

＊29 このときビスマルクは、ヴィルヘルム1世と共にフランスに向けて進軍中であった。

＊30 Delbrück an Auswärtiges Amt, 1. September 1870, in: GStA PK, III. HA MdA, II Nr. 5568.

＊31 Auswärtiges Amt an die Regierung Schleswig, Stralsund, Stettin, Coeslin, Danzig und Königsberg, Tel., 4. September 1870, in: GStA PK, III. HA MdA, II Nr. 5568.

＊32 Tel. aus Sleswig an Auswärtiges Amt, 7. September 1870, in: GStA PK, III. HA MdA, II Nr. 5568.

＊33 Bericht aus Stralsund an Auswärtiges Amt, 6. September 1870, in: GStA PK, III. HA MdA, II Nr. 5568.

＊34 Tel. aus Stettin, 6. September 1870; Tel. aus Danzig, 8. September 1870; Tel. aus Cöslin, 8. September 1870, in: GStA PK, III. HA MdA, II Nr. 5568.

＊35 Tel. aus Königsberg, 6. September 1870, in: GStA PK, III. HA MdA, II Nr. 5568.

＊36 Thile an die Bundesgesandten zu London, St. Petersburg, Florenz, Wien, Washington, Nr. 100, 12. September 1870, in: GStA PK, III. HA MdA, II Nr. 5568.

＊37 同上。

＊38 Loftus to Granville, Tel., 14 September 1870, in: TNA, FO 64/697A.

＊39 Lyons to Jules Favre, 15 September 1870, in: AMAE-La

Courneuve, 2QO/64. 但し、文書には「8月12日付で通知された海上封鎖」とあるため、駐仏イギリス大使ライオンズの念頭には北海での海上封鎖しかなかったものと思われる。

＊40 Bancroft to Fish, No. 137, 22 September 1870, in: *ED (FRUS) 1870–71*, 208f.

＊41 Bismarcks Zirkuler (Thile an die Regierungen zu Schleswig, Stralsund, Stettin, Cöslin, Danzig und Königsberg), 31. Dezember 1870, in: BArch, R 901/33583.

＊42 Verzeichniß der von/in Travemünde während der Blockade vom 15. August bis 22. September incl. 1870 abgegangenen/eingekommenen Schiffe von G. Zuhr, 10. Januar 1871, in: BArch, R 901/33583.

＊43 Bericht aus Coeslin an Auswärtiges Amt, 11. Januar 1871, in: BArch, R 901/33583.

＊44 Bancroft to Fish, Tel., 15 September 1870, in: NARA, M44, Roll 16. Bancroft to Fish, No. 135, 16 September 1870, in: *ED (FRUS) 1870–71*, 207. フランス国防政府によって海相に任じられたフリションは9月16日、この件について照会を受けると海上封鎖が事実上解除された旨報告している。Fourichon à le Ministre des Affaires étrangères, 16 septembre 1870, in: AMAE-La Courneuve, 2QO/64. フランス国防政府がイギリス政府にその旨正式に通知したのは9月22日になってからのことである。Supplement to the London Gazette, 22 September 1870, in: TNA, FO 881/1798.

＊45 Bancroft to Fish, No. 150, 13 October 1870, in: NARA, M44, Roll 16; NY-PL, George Bancroft Papers, Box 5. 但し、この艦隊はドイツの北海沿岸を海上封鎖してはいない。

＊46 *DFK*, III, 428f.（『独仏戦史』、第7巻 131頁以下）。Cf. Giersch (2013), 166.

＊47 Ältesten der Kaufmannschaft in Danzig an Bundeskanzleramt, 17. September 1870, in: GStA PK, III. MdA, II Nr. 5568.

＊48 D'Hornoy à le Ministre des Affaires étrangères, 19

septembre 1870, in: AMAE-La Courneuve, 2QO/64.

＊49　スウェーデン政府は9月21日、フランスの艦隊に撤退命令が出たとの連絡をフランス公使から受けていた。そのため、同政府はこの日までフランスの艦隊による海上封鎖が行われていたと見ていた。Richthofen an Bismarck, Nr. 2, 7. Januar 1871, in: BArch, R 901/33583. これを受けてプロイセン当局は9月24日、バルト海諸港の開港を認めている。Itzenplitz an Bismarck, 24. September 1870, in: BArch, R 901/33583.

＊50　9月26日にドイツ側はヘルゴラント沖にその姿を確認している。*DFK*, III, 428（『独仏戦史』、第7巻 131頁以下）。一説によれば、それは9月22日と10月12日とある。Giersch (2013), 166.

＊51　Ropp (1987), 23; Sondhaus (1997), 94–96. Cf. Olivier (2012), 74 (note 38).

＊52　Bismarck an Thile, Nr. 82, 23. Dezember 1870; Bismarcks Nachschrift zu dem Erlaß Nr. 82 vom 23. Dezember 1870; Thile an die Missionen in London, St. Petersburg, Wien, Florenz, Constantinopel, Brüssel, Den Haag, Lisabon, Stockholm, Copenhagen, Athen, München, Stuttgart und Carlsruhe, 28. Dezember 1870, in: BArch, R 901/33583.

第五章　極東への影響

＊1　1862年2月にはオイレンブルク使節団とシャムの間にも修好通商条約が締結されている。オイレンブルク使節団についてはドブソン／サーラ(2012); 鈴木(2012); 福岡(2013)を参照。19世紀半ばに見られる貿易自由化の動きとドイツ商船のアジア進出については、秋田(2012); 薩摩(2018)も併せて参照した。

＊2　福岡(2013)、48–50頁。

＊3　Parkes to the Granville, No. 6, 23 January 1871, in: TNA, FO 46/137.

＊4　Kellett to the Secretary of the Admiralty, No. 350, 2 September 1870 in: TNA, ADM 1/6150. Cf. Sondhous (1997); 98. Lemnitzer (2014), 163.

＊5　武山(2009)、461頁。

＊6　Brandt an Bismarck, Nr. 77, 22. August 1870, in: BArch, R 901/86576. Outrey à Gramont, No. 20, 22 août 1870, in: AMAE-La Courneuve, P/10250 (59CP/20). 武山（2009）、461頁以下参照。

＊7　Rehfues an Köhler, Brandt, Annecke und Wentzel, 7. August 1870; Arendt an Rehfues, 12. August 1870; PA-AA, Peking II/261.

＊8　Arendt an Rehfues, 12. August 1870（註7参照）.

＊9　Köhler (Nagasaki) an Rehfues, 12. August 1870, in: PA-AA, Peking II/261.

＊10　8月10日の時点で芝罘にはフランスの軍艦が3隻停泊していた。Janssen an Wentzel, 10. August 1870 (Anlage des Berichts Arendts an Rehfues, 12. August 1870), in: PA-AA, Peking II/261.

＊11　Köhler an Rehfues, 21. August 1870, in: PA-AA, Peking II/261.

＊12　Brandt an Bismarck, 22. August 1870 (Anlage zum Schreiben Philipsborn an das Marineministerium, 7. Oktober 1870), in: BArch, R 901/86576. ブラント（1987）、222頁参照。ブラントの回想録によれば「それは艦長同士の間の協定締結となって、両国の駐日外交代表によって批准された」とあるが、本論でも示す通り、ウトレイは当初個人的には賛同しつつも、本国の承認なしにそれを認めることはできない立場をとっていたため、この記述は史実に反している。

＊13　Lepre to Köhler, 16 August 1870 (Anlage zum Bericht Köhlers an Rehfues, 21. August 1870)（註11参照）. ここではLepreと書き写されているのだが、正しくはLespèsである。

＊14　Outrey à Gramont, No. 20, 22 août 1870（註6参照）. 引用文にある傍点箇所は文書のなかで下線強調されているところなのだが、マイクロフィルムの故にそれがウトレイ自身によるものか、それともグラモンによるものかは不明である。

＊15　Annesley to Parkes, Confidential, 22 August 1870 (Inclosure of Parkes' dispatch to Granville, No. 142, 9 September 1870), in: TNA, FO 46/127.

＊16　天津教案については、以下の文献を参照。坂野（1989）、312-315頁；岡本（2011）、85-93頁；吉澤（2016）、107-109頁。

＊17　Kellett to the Secretary of the Admiralty, No. 340, 22 August 1870, in: TNA, ADM 1/6150.

＊18　坂野（1989）、315頁。

＊19　Lemnitzer (2014), 163.

＊20　岡本（2011）、89頁以下。

＊21　Parkes to Granville, No. 125, 29 August 1870, in: TNA, FO 46/126; FO 262/188.

＊22　Outrey à Ministre et Secrétaire d'Etat au Département des Affairs étrangères, No. 23, 30 septembre 1870, in: AMAE-La Courneuve, P/10250 (59CP/20).

＊23　Brandt an Bismarck, Nr. 85, 3. Oktober 1870, in: BArch, R 901/86576.

＊24　同上。

＊25　明治3年7月22日（1870年8月18日）外務卿沢宣嘉と独逸北部連邦代理公使との対話書「独仏戦争ノ勃発並ニ局外中立ニ関スル件」『大日本外交文書』、第3巻　11-13頁。Cf. Brandt an Bismarck, Nr. 77, 22. August 1870 in: BArch, R 901/86576. ブラント（1987）、222頁参照。

＊26　明治3年7月24日（1870年8月20日）外務卿沢宣嘉、同大輔寺島宗則より仏蘭西公使宛「独仏戦争開始ノ真否照会ノ件」『大日本外交文書』、第3巻　16頁。Cf. Outrey à Gramont, No. 21, 28 août 1870, in: AMAE-La Courneuve, P/10250 (59CP/20). 武山（2009）、463頁以下も参照。

＊27　明治3年7月28日（1870年8月24日）仏蘭西公使より外務卿沢宣嘉、同大輔寺島宗則宛「独逸ニ対シ宣戦シタル旨ノ回答並ニ日本ノ局外中立ニ関シ要請ノ件」『大日本外交文書』、第3巻　23頁以下。なお、ウトレイが本国に送った報告書では、それが8月「23日」となっている。Outrey à Sawa & Terashima, 23 août 1870 (Outrey à Gramont, No. 21, 28 août 1870. 註26参照). 武山（2009）、463頁も参照。

＊28　尾佐竹（1915）、110頁；武山（2009）、464-466頁；瀧井（2016）、34頁以下。

＊29　第492号「孛仏両国交戦ニ付局外中立ヲ令ス」（明治3年7月28日）『法令全書』明治3年、273-275頁。英語版については、以下を参照。Parkes to Granville, No. 137, 5 September 1870, in: TNA, FO 46/127.

＊30　Brandt an Sawa & Terashima, 11. September 1870, in: BArch, R 901/86576. 明治3年8月16日（1870年9月11日）独逸北部連邦代理公使より外務卿沢宣嘉、同大輔寺島宗則宛「局外中立布告書受領及右布告書ニ対シ意見申出ノ件」『大日本外交文書』、第3巻 30頁以下。渡邉洪基「孛仏戦争間我国局外中立ノ始末」（武山（1981）所収、110頁）。

＊31　第546号「孛仏両国交戦中局外中立ノ前例ヲ改定ス」（明治3年8月29日）『法令全書』明治3年、323頁以下。明治3年8月29日（1870年9月24日）太政官布告「局外中立ノ前令改定ノ件」『大日本外交文書』、第3巻 32頁以下。その英語版と仏語版は以下を参照。明治3年9月7日（1870年10月1日）外務卿沢宣嘉、同大輔寺島宗則より仏・米・蘭・独・墺・西公使宛「局外中立ニ関スル改定布告書翻訳文送付ノ件」『大日本外交文書』、第3巻 33-37頁。

＊32　日本の領海「三里」をめぐる解釈については、武山（2009）を参照。

＊33　Parkes to Granville, No. 155, 22 October 1870, in: TNA, FO 46/127.

＊34　Alexander Wilson's Affidavit, 11 October 1870 (Inclosure of Parkes' Report No. 155 to Granville, 22 October 1870), in: TNA, FO 46/127.

＊35　Brandt aux Représentants des Puissances neutres au Japon, 11 octobre 1870, in: BArch R 901/86576 (Beilage B des Berichts Brandts Nr. 87 an Bismarck, 18. Oktober an Bismarck) ; TNA, FO 46/127 (Inclosure of Parkes' Report No. 155 to Granville, 22 October 1870).

＊36　Parkes to Granville, No. 155, 22 October 1870（註33参照）。

＊37　Brandt an Sawa & Terashima, 11. Oktober 1870 (Abschrift), in: BArch, R 901/86576. 明治3年9月17日（1870年10月11日）独逸北部連邦代理公使より外務卿沢宣嘉、同大輔寺島宗則宛「局外中立規則増補方請求ノ件」『大日本外交文書』、第3巻 37-40頁。Cf. Brandt

an Bismarck, 18. Oktober 1870, in: BArch, R 901/86576.

*38 明治3年9月18日（1870年10月12日）外務卿沢宣嘉、同大輔寺島宗則より仏蘭西公使宛「局外中立規則増補ノ旨通告ノ件」『大日本外交文書』、第3巻 40頁以下。

*39 Outrey à Sawa & Terashima, tel., 13 octobre 1870 (annexe de la dépêche: Outrey à Ministre et Secrétaire d'Etat au Départment des Affaires étrangères, No. 26, 15 octobre 1870), in: AMAE-LA Courneuve, P/10250 (59CP/20).

*40 Outrey à Sawa & Terashima, tel., 14 octobre 1870 (annexe de la dépêche: Outrey à Ministre et Secrétaire d'Etat au Départment des Affaires étrangères, No. 26, 15 octobre 1870), in: AMAE-LA Courneuve, P/10250 (59CP/20) ; TNA, FO 46/127. 明治3年9月20日（1870年10月14日）仏蘭西公使館書記官より外務卿沢宣嘉、同大輔寺島宗則宛「局外中立規則増補ノ儀無カリシモノト看做ス旨申越ノ件」『大日本外交文書』、第3巻 43頁以下。

*41 Outrey aux Représentants des Puissances neutres au Japon, 14 octobre 1870 (annexe de la dépêche: Outrey à Ministre et Secrétaire d'Etat au Départment des Affaires étrangères, No. 26, 15 octobre 1870) in: AMAE-La Courneuve, P/10250 (59CP/20) ; TNA, FO 46/127.

*42 Parkes to Sawa & Terashima, 14 October 1870, in: TNA, FO 46/127. 明治3年9月20日（1870年10月14日）英、米、蘭、西各公使より外務卿沢宣嘉、同大輔寺島宗則宛「局外中立規則ノ改正並ニ増補手続ニ対シ異議申出ノ件」『大日本外交文書』、第3巻 44-46頁。

*43 Parkes to Granville, No. 155, 22 October 1870（註33参照）.

*44 Brandt à Parkes, 15 octobre 1870 (Inclosure of Parkes' Report No. 155 to Granville, 22 October 1870. 註33参照). 尾佐竹（1915）、115頁も参照。

*45 Terashima to Brandt, 16 October 1870 (Inclosure of Parkes' Report No. 155 to Granville, 22 October 1870. 註33参照). 明治3年9月22日（1870年10月16日）外務大輔寺島宗則より独逸北部連邦代理公使宛「局外中立規則増補箇条廃止方申込ノ件」『大日本外交文書』、第3巻 48頁。

＊46　明治3年9月30日（1870年10月24日）独逸北部連邦公使館に於いて参議副島種臣、外務大輔寺島宗則と独逸北部連邦代理公使との対話書「局外中立規則増補箇条廃止方ノ件」『大日本外交文書』、第3巻53–57頁。Brandt an Bismarck, 29. Oktober 1870, in: BArch, R 901/86576. 各中立国の支持が得られず分が悪くなったブラントは、日本政府による増補撤回に対しては戦争が終わるまで明言を避けようとしていたように見受けられる。下村（1948）、93頁。

＊47　註3参照。

＊48　Lemnitzer (2014), 163. 尾佐竹（1915）；下村（1948）；武山（2009）。

＊49　Parkes to Granville, No. 155, 22 October 1870（註33参照）.

＊50　Fish to Bancroft, Tel., 1 November 1870, in: MHS, George Bancroft Papers, Box 38.

＊51　Bancroft to Thile, 2 November 1870, in: BArch, R 901/86576.

＊52　Thile to Bancroft, Private, 2 November 1870, in: BArch, R 901/86576.

＊53　Granville to Loftus, 21 October 1870 (Inclosure of Bancroft's report No. 158 to Fish, 3 November 1870), in: NARA, M44, Roll 16. ちなみにグランヴィルは同様の趣旨を駐仏イギリス大使ライオンズに伝えており、その写しは駐日イギリス公使パークスにも10月27日付で転送されている。Granville to Lyons, No. 566, 21 October 1870 (Inclosure of Granville's dispatch to Parkes, No. 34, 27 October 1870), in: TNA, FO 262/185.

＊54　Bancroft to Fish, No. 158 Confidential, 3 November 1870（註53参照）。

＊55　Thile an Bismarck, 4. November 1870, in: BArch, R 901/86576.

＊56　Bismarck an Roon, 9. November 1870, in: BArch, R 901/86576.

＊57　Roon an Bismarck. 13. November 1870, in: BArch, R 901/86576.

＊58　Bismarck an Auswärtiges Amt, Tel. Nr. 363, 14. November 1870, in: BArch, R 901/86576.

＊59　Bancroft to Fish, No. 162, 16 November 1870, in: NARA,

M44, Roll 17. Bancroft to Washburne, 21 November 1870, in: MHS, George Bancroft Papers, Box 38.

＊60 Rehfues an Bismarck, Nr. 148, 21. Dezember 1870, in: BArch, R 901/86576; PA-AA, Peking II/261.

＊61 Bancroft to Fish, No. 172, 19 December 1870, in: NY-PL, George Bancroft Papers, Box 5.

＊62 Jules Favre to Washburne, 5 December 1870 (Abschrift/Translation), in: BArch, R 901/86576. 著者が閲覧したこの文書は、バンクロフトがティーレに私信の形で送ったものであり、ティーレによってその写しがヴェルサイユの大本営に届けられている。

＊63 Thile an Marineministerium, Rehfues und Brandt, 20. Dezember 1870, in: BArch, R 901/86576.

＊64 Thile an Bernstorff und Gerolt, 5. Januar 1871, in: BArch, R 901/86576.

第六章　パリ宣言への幻滅とフランスへの反撃

＊1 Kloebe an Bismarck, Tel., 14. August 1870, in: BArch, R 901/33621.

＊2 Cöhler an Bismarck, Tel., Nr. 3, 18. August 1870; Wagner an Bismarck, 19. August 1870, in: BArch, R 901/33621.

＊3 詳しくは本論で後述するが、1870年10月8日の『プロイセン官報』第310号には、その時点での仏艦によるドイツ商船に関する情報が掲載されるのだが、そこには〈クーリエ〉の情報は掲載されていない。*Königlich Preußischer Staats-Anzeiger*, Nr. 310, 8. Oktober 1870.

＊4 Thile à Washburne, 7 octobre 1870, in: BArch, R 901/33621. これを受けてウォッシュバーンは11月7日にフランス側にこの件を照会している。Washburne to Jules Favre, 7 November 1870, in: AMAE-La Courneuve, 2QO/65.

＊5 註3、4を参照。

＊6 Conseil des prise (Tours) à Ministre des Affaires étrangères, 28 septembre 1870; Conseil des prise (Bordeaux) à Ministre des Affaires étrangères, 16 décembre 1870 et 4 janvier 1871, in: AMAE-La Courneuve, 2QO/65.

＊7　註3参照。

＊8　同上。

＊9　Auszug aus dem Berichte des Bundes-Consuls Mooyer in Singapore vom 2. September 1870, in: BArch, R 901/33621. Dillon (Hong Kong) à Ministre de la Marine, 14 septembre 1870, in: AMAE-La Courneuve, 2QO/64.

＊10　Rehfues an Bismarck, Nr. 128, 3. Oktober 1870, in: PA-AA, Peking II/261; BArch, R 901/33622.

＊11　Levenhagen an Bismarck, 2. September 1870, in: BArch, R 901/33583. 但し、チリで何隻のドイツ商船が保護されたかについては記載なし。

＊12　Le Maistre an Bismarck, Nr. 52, 23. September 1870, in: BArch, R 901/33621.

＊13　Auszug aus dem Berichte des Bundes-Consuls Otto in Pernambuco vom 11. Oktober 1870, in: BArch, R 901/33621.

＊14　Saint-Pierre an Bismarck, Nr. 11, 20. September 1870, in: BArch, R 901/33621.

＊15　Lemnitzer (2014), 161f.

＊16　Bundeskanzleramt an Auswärtiges Amt, 9. Oktober 1870, in: BArch, R 901/33621. *Königlich Preußischer Staats-Anzeiger*, Nr. 310, 8. Oktober 1870（註3参照）.

＊17　Schulze-Hinrichs (1970), 128; Giersch (2013), 174.

＊18　Sondhaus (1997), 96; Olivier (2012), 65.

＊19　Bismarck an das Gouvernement der nationalen Vertheidigung, 4. Oktober 1870, in: BArch, R 901/33621. Lemnitzer (2014), 164. レムニツァーはこれを10月9日付としているが(Lemnitzer (2014), 234, note 93)、この文書の草稿並びにフランス側の回答からも、「4日」とするのが正しい。

＊20　Chaudordy au Gouvernement prussien, 28 octobre 1870, in: BArch, R 901/33621. ちなみに「500年以上にわたって認められてきた伝統」の箇所にビスマルクは「だが今ではそうではない」と書き込んでいる。

＊21　Bismarck an das Gouvernement der nazionalen[sic]

Vertheidigung, 16. November 1870, in: BArch, R 901/33621. Lemnitzer (2014), 164f.

＊22　Bismarck an Thile, 9. Dezember 1870, in: BArch, R 901/33622.

＊23　Thile à Washburne, 25 novembre 1870, in: AMAE-La Courneuve, 2QO/65. Delbrück an Bismarck, 15. Dezember 1870, in: BArch, R 901/33622.

＊24　Bismarck an die Missionen bei den neutralen Regierungen, 23. November 1870, in: BArch, R 901/33621. Thile à Washburne, 25 novembre 1870; Delbrück an Bismarck, 15. Dezember 1870（註23参照）。

＊25　同上。

＊26　Schreiben Weilhelm Denneß vom 5. November 1870. なお、この供述書は後述するように、〈フライ〉をめぐる独英間の外交的やり取りと併せて、1871年3月14日の『北ドイツ一般新聞』紙上で公開された。Loftus to Granville, No. 253, 18 March 1871, in: TNA, FO 64/719.

＊27　Bernstorff an Granville, 8. Dezember 1870, in: BArch, R 901/33621. この文書も後日『北ドイツ一般新聞』にて公開されている（註26参照）。

＊28　Granville to Bernstorff, 6 December 1870, in: BArch, R 901/33622. この文書も後日『北ドイツ一般新聞』にて公開されている（註26参照）。

＊29　Bernstorff an Granville, 12. Dezember 1870; Bismarck an Bernstorff, Nr. 151, 20. Februar 1871. これらも後日『北ドイツ一般新聞』にて公開された（註26参照）。

＊30　Granville to Bernstorff, 21 February 1871, in: BArch, R 901/33622.

＊31　Bernstorff an Granville, 12. Dezember 1870（註26、29参照）

＊32　Granville an Bernstorff, 13. Dezember 1870. これもまた後日『北ドイツ一般新聞』にて公開された（註26参照）。

＊33　*DFK*, V, 1383（『独仏戦史』、第10巻 60頁)。一説では12月12日とあるが、ここではプロイセン参謀本部編纂の『独仏戦史』に従った。

Giersch (2013), 170.

＊34　*DFK*, III, 430（『独仏戦史』、第7巻 133頁）。

＊35　同上。Steinmetz (1974), 27–29; Sondhaus (1997), 96; Olivier (2012), 68.

＊36　Olivier (2012), 68.

＊37　*DFK*, V, 1383f.（『独仏戦史』、第10巻 60頁）。Giersch (2013), 171.

＊38　Bismarck an Bernstorff, Nr. 108, 22. Dezember 1870, in: BArch, R 901/33622.

＊39　Lemnitzer (2014), 167.

＊40　Bismarck an Thile, Nr. 82, 23. Dezember 1870, in: BArch, R 901/33583. ちなみに、レムニツァーの研究ではこの文書ファイルは使用されていない。

＊41　Zirkular Bismarcks vom 28. Dezember 1870; Thile an die Missionen in London, St. Petersburg, Wien, Florenz, Constantinopel, Brüssel, Den Haag, Lisabon, Stockholm, Copenhagen, Athen, München, Stuttgart, Carlsruhe, 28. Dezember 1870, in: BArch, R 901/33583. このときビスマルクは、南ドイツ諸邦に対しては、プロイセンの同盟国であることを考慮して必要に応じて文言を修正するよう特に指示を出している。この点にも、これからドイツ帝国を一緒に構成することになる南ドイツ諸邦へのビスマルクの配慮が窺えよう。

＊42　Zirkular Bismarcks vom 31. Dezember 1870, in: BArch, R 901/33583. これに対する回答を見ても、バルト海東部沿岸のコルベルクやリューゲンヴァルデ(現在のポーランド領ダルウォボ)、ダンツィヒなどでは、フランス海軍による海上封鎖は実力を伴うものではなく、民間船の出入港は妨げられていないとのことである。Bericht aus Coeslin an AA, 11. Januar 1871, in: BArch, R 901/33583. Cf. Loftus to Granville, No. 85; No. 86, 24 January 1871, in: TNA, FO 64/716.

＊43　Rosenberg an Bismarck, 4. Januar 1871; Flemming an Bismarck, 5. Januar 1871; Werthern an Bismarck, 9. Januar 1871, in: BArch, R 901/33583.

＊44　Richthofen an Bismarck, Nr. 2, 7. Januar 1871; Bernstorff an

Bismarck, 10. Januar 1871; Reuß an Bismarck, 11. Januar 1871, in: BArch, R 901/33583.

＊45 Hydebrand an Bismarck, 7. Januar 1871, in: BArch, R 901/33583.

＊46 Schweinitz an Bismarck, 5. Januar 1871; Brassier an Bismarck, Nr. 5, 9. Januar 1871; Perponcher an Bismarck, Nr. 4, 10. Januar 1871, in: BArch, R 901/33583.

＊47 Keyserling an Thile, Nr. 7, 20. Januar 1871; Bernstorff an Bismarck, Nr. 64, 27. Januar 1871, in: BArch, R 901/33583.

＊48 Bismarck an die Missionen in London, St. Petersburg, Stockholm, Kopenhagen, Den Haag, Brüssel, Madrid, Lissabon, Florenz, Athen, Konstantinopel, Bern, Washington, Wien, Tel., in: BArch, R 901/33583. 先述したように、レムニツァー（2014）はこの文書ファイルを用いていないため、この回状についても言及されていない。

＊49 Bismarck to Bernstorff, 9 January 1871 (Communicated to Granville by Bernstorff, 16 January 1871), in: *PP*, C. 244, 252–257 (No. 326). Lemnitzer (2014), 166.

＊50 Eck an Auswärtiges Amt, 17. Januar 1871; Eck an Roon, 17. Januar 1871, in: BArch, R 901/33583. 外務省宛の指示では、プレスでの公表に必要な指示も併せて送られている。

＊51 Bismarck an Wilhelm I., 19. Januar 1871, in: BArch, R 901/33583.

＊52 飯田（2015）、150頁を参照。

＊53 Granville to Bernstorff, 3 February 1871, in: BArch, R 901/33622. この文書もまた後日『北ドイツ一般新聞』にて公開された（註26参照）。

＊54 Bismarck an Bernstorff, Nr. 151, 20. Februar 1871, in: BArch, R 901/33622. この文書もまた後日『北ドイツ一般新聞』にて公開された（註26参照）。

＊55 Loftus to Granville, No. 253, 18 March 1871（註26参照）。

＊56 Conseil des prise (Bordeaux) à Ministre des Affaire étrangères, 26 fevrier 1871, in: AMAE-La Courneuve, 2QO/65.

＊57　Conseil des prise (Bordeaux) à Ministre des Affaire étrangères, 10 mars 1871, in: AMAE-La Courneuve, 2QO/65.

＊58　Frankfurter Friedensvertrag vom 10. Mai 1871, in: *GP*, I, 38-43.

終章　海からみたビスマルク外交

＊1　Lemnitzer (2014), 169f.

＊2　主要海軍国10カ国（イギリス、フランス、ドイツ、アメリカ合衆国、オーストリア=ハンガリー、スペイン、イタリア、日本、オランダ、ロシア）の間で採択されたのだが、イギリスは国内の賛同を得られず批准せず、ドイツや他の国もこれを批准しなかったため、ロンドン宣言は発効しなかった。詳しくは和仁（2014-15）、（一） 38-43頁; 藤田（2014）、28頁以下を参照。

＊3　Lemnitzer (2014), 170-172.

＊4　Lemnitzer (2014), 182f.

＊5　アイク（1993-99）、第5巻 60頁。

＊6　Petter (1977), 96.

飯田洋介（いいだ・ようすけ）
1977年、茨城県生まれ、早稲田大学第一文学部卒業、同大大学院文学研究科博士後期課程史学（西洋史）専攻修了。博士（文学）。同大文学学術院助手を経て現在、岡山大学大学院教育学研究科准教授。専門はドイツ近現代史、近代国際政治史。
著書に『ビスマルクと大英帝国——伝統的外交手法の可能性と限界』（勁草書房）、『ビスマルク——ドイツ帝国を築いた政治外交術』（中公新書）、共著書に『歴史のなかのドイツ外交』（吉田書店）など。

NHK *BOOKS* 1267

グローバル・ヒストリーとしての独仏戦争
ビスマルク外交を海から捉えなおす

2021年 1月25日　第1刷発行

著　者　**飯田洋介**　
発行者　**森永公紀**
発行所　**NHK出版**
東京都渋谷区宇田川町41-1　郵便番号150-8081
電話 0570-009-321（問い合わせ）　0570-000-321（注文）
ホームページ　https://www.nhk-book.co.jp
振替　00110-1-49701
装幀者　**水戸部 功**
印　刷　**三秀舎・近代美術**
製　本　**三森製本所**

Printed in Japan　ISBN978-4-14-091267-6 C1322

NHK BOOKS

＊歴史（Ⅱ）

＊社会

※在庫品切れの際はご容赦下さい。